古典文獻研究輯刊

三十編

潘美月・杜潔祥 主編

第 8 冊

圖海
——中日《三才圖會》的分析與探索（上）

何立民 著

國家圖書館出版品預行編目資料

圖海——中日《三才圖會》的分析與探索（上）／何立民 著—
初版 — 新北市：花木蘭文化事業有限公司，2020〔民109〕
目 4+168 面；19×26 公分
（古典文獻研究輯刊 三十編；第 8 冊）
ISBN 978-986-518-093-5（精裝）
1. 類書 2. 研究考訂
011.08 109000647

ISBN-978-986-518-093-5

9 789865 180935

古典文獻研究輯刊
三十編 第 八 冊 ISBN：978-986-518-093-5

圖海——中日《三才圖會》的分析與探索（上）

作 者 何立民
主 編 潘美月 杜潔祥
總 編 輯 杜潔祥
副總編輯 楊嘉樂
編 輯 許郁翎、張雅淋 美術編輯 陳逸婷
出 版 花木蘭文化事業有限公司
發 行 人 高小娟
聯絡地址 235 新北市中和區中安街七二號十三樓
電話：02-2923-1455／傳真：02-2923-1452
網 址 http://www.huamulan.tw 信箱 hml810518@gmail.com
印 刷 普羅文化出版廣告事業
初 版 2020 年 3 月
全書字數 266371 字
定 價 三十編 18 冊（精裝）新台幣 40,000 元　　版權所有‧請勿翻印

圖海
——中日《三才圖會》的分析與探索（上）

何立民　著

作者簡介

何立民，復旦大學史學碩士、文學博士，講師、助理研究員，主要研究領域包括古文字學、漢語史、藝術史、中醫文獻等，主要成果有《中國古文字學基礎》（上海社會科學院出版社2004年）、《上海通史·上海建縣至明末經濟》（上海辭書出版社2019年），主持整理《朱國禎全集》，協助主編《陳繼儒全集》，參與整理《皇明經世文編》、《（嘉慶）大清一統志》、《木雁齋書畫鑒賞筆記》等，完成整理《李中梓全集》等，先後整理各類古文獻三十餘種，發表文章十餘篇。

提　要

　　《圖海》第一次以王圻《三才圖會》、寺島良安《和和三才圖會》為研究對象，從文獻溯源、百科知識、圖像藝術等視角切入。章節及創新點如下：第一章為緒論，從學術史回顧、王圻傳略、《三才圖會》及《和漢三才圖會》的主要內容 特色 價值等角度 簡單介紹兩部作品的基本情況。第一次全面梳理兩書圖版數量、類型、價值、特色為本章重要內容。

　　第二、第三章從百科知識和編輯特色角度切入，從分析《三才圖會》、《和漢三才圖會》兩部書的地理、輿圖、宅室、器用、人物、人體、本草藥圖等主題入手，全面展示兩部作品的重要特色與價值。《三才圖會》收錄各類插圖版畫、示意圖、表格共計有六一二五幅，是中國圖書刊刻史上版畫數量最大、內容最繁複、類型最廣泛、版式最多樣、體量最宏大的作品；《和漢三才圖會》編繪版畫插圖三七〇四幅，數量雖不及《三才圖會》，但圖中充分展現江戶時代日本人的服飾、髮髻、建築、街區、民俗及生活場景，堪稱古代日本的「圖海」。

　　第四、第五章從「文」（文獻）入手，全面梳理、分析、總結兩部《三才圖會》分別節引、借鑒、改造《王禎農書》、《武經總要》、《證類本草》、《本草綱目》、《事物紀原》等作品的具體情況，指出兩部《圖會》文獻引文的特點、價值、不足，這也是兩部《三才圖會》研究史上首次、全方位的文獻溯源工作。《三才圖會》參考文獻數量應不超過三百種，子部文獻佔據半壁江山，其次是史部，集部文獻最少，只有區區十餘種。引述文獻中，前十五位作品是（按照作品首字拼音排序）：《重修宣和博古圖》、《爾雅翼》、《古今遊名山記》、《明會典》、《明集禮》、《明太祖實錄》、《明一統志》、《類經圖編》、《埤雅》、《詩餘圖譜》、《通志》、《王禎農書》、《五嶽游草》、《武經總要》、《證類本草》、《本草圖經》。其中，《詩餘圖譜》屬於全書轉引。《和漢三才圖會》引述文獻數量超過五百種。其中，排名前十五名的作品分別是《本草綱目》、《陳眉公秘笈》、《大明一統志》、《登壇必究》、《古今醫統》、《廣博物志》、《和名抄》、《農政全書》、《日本書紀》、《三才圖會》、《釋名》、《事物紀源》、《五雜組》、《續日本紀》、《字彙》。除此之外，《和漢三才圖會》直接引用《三才圖會》者有三百餘處，分佈於全書大部分卷次。其中，卷十三「異國人物」、「外夷人物」兩卷，引《三才圖會》者有一六六處。

　　第六、七兩章從「圖」（版畫插圖）入手，分析《三才圖會》中人物畫、肖像畫、科普插圖、藝術插圖，分析《和漢三才圖會》中的浮世繪版畫、本草藥圖以及寺島良安借鑒、改造、完善《三才圖會》有關版畫的具體情況。《三才圖會》、《和漢三才圖會》共計九八二九幅的版畫插圖中，幾乎涵蓋了明清時期及日本江戶時代版畫的所有版式。有上圖下文、上文下

圖、上下兩圖、左文右圖、側文半圖、方格插圖、不規則插圖、半葉數圖、半葉滿幅、合頁連式、數頁橫卷、主副式、整體局部式、譜牒式、表格式、圖表混排式。而圖版款識部分，則包括圖名、標題（有橫排式、直排式、不規則）、題詩、傳文、注文等諸種類型。

　　第八章梳理後世《古今圖書集成》、《格致鏡原》等對《三才圖會》的引述、借鑒與吸收改造的情況。第九章爲結語，用簡練的語言總括出本書的主要內容、架構、特色、創新點，附錄部分所附有關表格，皆爲筆者點校整理兩部《三才圖會》以及撰寫本書時，編繪出來有關文獻方面的統計，以供參考。

復旦大學亞洲研究中心課題
（編碼：SDH3246021）

精彩評述

上自天文，下至地理，中及人物。精而禮樂、經史，粗而宮室、舟車。幻而神仙鬼怪，遠而卉服鳥章。重而珍奇玩好，細而飛潛動植。悉假虎頭之手，效神姦之象。卷帙盈百，號爲「圖海」。

——〔明〕周孔教：《三才圖會·序》

余少年從事鉛槧，即豔慕圖史之學，凡璣衡、地域、人物諸象繪，靡不兼收。而季兒思義頗亦棲心往牒，廣加蒐輯，圖益大備。

——〔明〕王圻：《三才圖會·自序》

明人圖譜之學，惟此《編》（引者按，即章潢《圖書編》）與王圻《三才圖會》，號爲巨帙。

——〔清〕紀昀：《四庫全書總目提要·圖書編》

浪速醫士寺島良安，衛生家者流也。寄心文學，勵業仁術，追慕其（引者按，即王圻）跡，仿效其樣，舉示其部，分聚其類，欲正習俗之誤，以助多識之功，聊有所加，亦有所略也。

——〔日〕藤原信篤：《和漢三才圖會·序》

寺島良安刀圭之暇，涉獵群書，搜羅百家，著《和漢三才圖會》，日月星辰，雨露霜雪，山林川澤，草木禽獸，及神祠之舊事，招提寺之遺事，多聞具載。

——〔日〕和氣伯雄：《和漢三才圖會·敍》

致　謝

本研究的順利開展，得到復旦大學亞洲研究中心的立項與資助。

王圻《三才圖會》一書的整理工作，得到中華書局及國家出版基金的資助與支持。

寺島良安《和漢三才圖會》一書的整理工作，得到上海人民出版社的立項與支持。

本書撰寫過程中，承蒙復旦大學朱順龍教授、呂靜教授、陳廣宏教授、袁堂軍教授、上海交通大學虞萬里教授等師長信任與指導，得復旦大學圖書館王亮博士、悟光法師、日本友人島井清香女士等友朋理解與幫助。

在此，一併向各位師友、機構謹致謝忱！

何立民

二○一九年九月十日

目

次

上 冊

精彩評述

致 謝

第一章　王圻父子、寺島良安與兩部《三才圖會》
………………………………………… 1

　第一節　緒論 ………………………………… 1

　第二節　明代後期、日本江戶時代的社會經濟與文
　　　　　化背景 …………………………………… 8

　第三節　王圻著作編纂考 ……………………… 17

　第四節　《三才圖會》的架構與內容 ………… 24

　第五節　《三才圖會》的價值與不足 ………… 27

　第六節　《三才圖會》的版本情況 …………… 34

　第七節　寺島良安與《和漢三才圖會》 ……… 40

第二章　兩部《三才圖會》的百科知識與編輯特色
　　　　（上）………………………………… 47

　第一節　《三才圖會·地理》的編纂特色 ……… 47

　第二節　《和漢三才圖會·地部》中的中華地理與
　　　　　日本地理 ……………………………… 69

　第三節　兩部《三才圖會》「宅室」與「家宅」的
　　　　　編纂異同 ……………………………… 86

　第四節　《三才圖會·器用》與《和漢三才圖會·
　　　　　人部》比較研究 ……………………… 98

第三章　兩部《三才圖會》的百科知識與編輯特色
　　　　（下）…………………………………… 121

第一節　《三才圖會・人物》中的像傳………… 121

第二節　兩部《三才圖會》對「人體」的分類描述
　　　　………………………………………… 139

第三節　兩部《三才圖會》「本草類」（中藥）的編
　　　　纂異同………………………………… 150

中　冊

第四章　兩部《三才圖會》的文獻使用情況（上）
　　　　………………………………………… 165

第一節　兩部《三才圖會》的文獻使用簡況…… 165

第二節　《三才圖會》引農書考——以《王禎農書》
　　　　為例…………………………………… 180

第三節　《三才圖會》引兵書考——以《籌海圖編》、
　　　　《紀效新書》為例……………………… 190

第四節　《三才圖會》引中醫文獻考——以《證類
　　　　本草》及其所載《本草圖經》為例…… 204

第五章　兩部《三才圖會》的文獻使用情況（下）
　　　　………………………………………… 225

第一節　《和漢三才圖會》引《本草綱目》考（上）
　　　　………………………………………… 225

第二節　《和漢三才圖會》引《本草綱目》考（下）
　　　　………………………………………… 236

第三節　《和漢三才圖會》引《三才圖會》考…… 249

第四節　《和漢三才圖會》引書考——以《事物紀
　　　　源》、《農政全書》為例……………… 271

第六章　「圖海」——兩部《三才圖會》的巨量版
　　　　畫插圖………………………………… 283

第一節　兩部《圖會》的版畫編繪情況………… 283

第二節　《三才圖會》人物版畫分析——以《人物》
　　　　卷為中心……………………………… 294

第三節　《三才圖會》人物版畫與《歷代古人像讚》、
　　　　《仙佛奇蹤》等圖傳作品……………… 304

第四節　《三才圖會》中的科普與藝術插圖…… 315

下　冊

第七章 「版畫之美」——兩部《三才圖會》巨量
　　　 插圖的特色與價值 …………………… 337
　　第一節 日本「浮世繪」的經典作品——以《和漢
　　　　　 三才圖會》版畫爲中心 …………… 337
　　第二節 《和漢三才圖會》對《本草綱目》載圖的
　　　　　 辨析與調整 …………………… 346
第八章 《三才圖會》的影響與價值 …………… 353
　　第一節 《古今圖書集成》對《三才圖會》的借鑒
　　　　　 與改造 …………………… 353
　　第二節 《格致鏡原》對《三才圖會》的採擷借鑒
　　　　　 及出現的新訛誤 …………… 360
　　第三節 《三才圖會》在現代社會的價值及其遭遇
　　　　　 ………………………………… 364
第九章 結　語 ……………………………… 365
附錄一 《三才圖會》細目、內容表 ………… 375
附錄二 《和漢三才圖會》細目、內容表 ……… 381
附錄三 《和漢三才圖會》圖版數量統計表 …… 387
附錄四 《三才圖會》文獻溯源一覽表 ………… 391
附錄五 《和漢三才圖會》文獻溯源一覽表 …… 427
附錄六 《和漢三才圖會》重要引書一覽表 …… 475

第一章　王圻父子、寺島良安與兩部《三才圖會》

第一節　緒　論

一、引子

　　南宋時期，有人編纂過名為《錦繡萬花谷》的圖書，內容暫且不提，我們注意一下其書名，換言之，翻閱此書，仿佛進入幽山深谷，滿目奇花異草，滿眼蔥翠錦繡，令人目不暇接，令人流連忘返。

　　本書的研究對象分別是明代後期上海人王圻編纂的《三才圖會》及日本江戶時代醫官寺島良安編纂的《和漢三才圖會》。王圻《三才圖會》，一〇八卷，刊刻於明萬曆三十七年（公元 1609 年）。此書以天、地、人「三才」為綱，將歷代關於天、地、人、事、物的知識匯集一處，包括天文、曆法、地理、山川，還有人的衣、食、住、行、用，以鳥獸、蟲魚、草木殿後。特別值得一提的是，《三才圖會》收錄各類插圖版畫、示意圖、表格等，共計有六一二五幅，是中國圖書刊刻史上版畫數量最大、內容最繁複、類型最廣泛、版式最多樣、體量最宏大的作品，值得學術界、藝術界、讀書界多多關注。

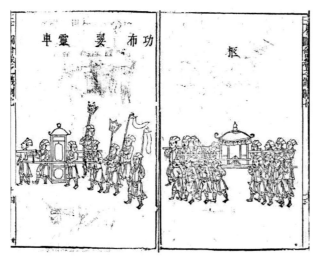 

《三才圖會》中的柩、功布、翣、靈車圖〔註1〕　　　《三才圖會‧高麗國》〔註2〕

　　寺島良安《和漢三才圖會》，又名《倭漢三才圖會》，卷首一卷，正文一○九卷，刊刻於日本正德三年（公元 1713 年，清康熙五十二年）。寺島良安以王圻《三才圖會》為藍本，按照天、人、地之序，統編全書。卷一至卷六為「天部」，圖繪天象、星宿、時令、節氣、曆法、占卜；卷七至卷五十四為「人部」，編繪中國、日本、朝鮮的土地、山脈、江河、礦物；卷五十五至卷一○五為「地部」，繪圖介紹中國、琉球、日本的行政區劃、城市、山川、佛寺、神廟以及草木、穀稻、果菜等。引述中國文獻的同時，注重實地考察，記錄行醫經驗，採用對比方法，記載日本列島有關物產的現狀及特色。《和漢三才圖會》一書，編繪版畫插圖三七○四幅，數量雖不及《三才圖會》，但圖中充分展現江戶時代日本人的服飾、髮髻、建築、街區、民俗及生活場景，堪稱古代日本的「圖海」。

〔註 1〕此圖為上海圖書館藏萬曆三十七年刻本書影。又，本書圖版收錄較多，除個別說明及添加備註者之外，皆錄自《三才圖會》、《和漢三才圖會》。後面不再一一注明。本書相關圖版均作了色彩處理，特此註明。
〔註 2〕此圖源自點校整理版《三才圖會》（何立民整理，中華書局 2019 年待出版）。

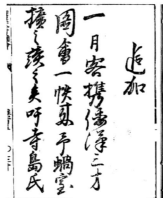

《和漢三才圖會》封面書影　　　　　　　《和漢三才圖會》書影

　　我們編寫「圖海」一書，用意與《錦繡萬花谷》書名相似，以中日學者所纂《三才圖會》為關照對象，通過兩書的引介與分析，借此展示中華文化圈的兩個典型國家——中國、日本在十六、十七世紀的社會萬象、人生百態與大千世界。

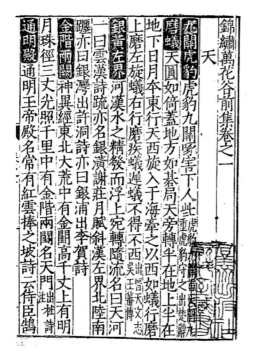

《錦繡萬花谷》書影　　　　　　　　　《三才圖會》書影

　　王圻父子、寺島良安分別所纂的兩部《三才圖會》，部頭巨大，內容豐富，猶如萬花筒，猶如多棱鏡，映照出中華文明最近一個頂峰的方方面面，照射出沐浴在中華文明下、傳統日本社會的角角落落。毫不誇張地說，從具象展示、形象呈現的角度來看，當下中日兩國對三四百年前祖先創造燦爛文明的全面認知與感同身受，兩部《三才圖會》均立下了汗馬功勞。

二、研究回顧

　　下面我們簡要回顧一下歷代關於王圻《三才圖會》、寺島良安《和漢三才圖會》的借鑒、參考與基本研究情況。

　　王圻《三才圖會》編纂完成之後，迅速在社會上流傳，影響力不斷擴大。如後來文獻所述，清代陳夢雷《古今圖書集成》、陳元龍《格致鏡原》等重要作品，皆直接參考王氏作品。《三才圖會》出版後，不僅在國內影響力巨大，很快伴隨使者或商人，從日本長崎登岸，在日本流傳，寺島良安的《和漢三才圖會》則是直接參考、借鑒《三才圖會》編纂而成的大型作品。朝鮮也有王氏此書抵達、收藏的重要信息。

　　《三才圖會》價值雖大，但問世至今，除後學者多有採擷、取資外，研究成果亦少。時至今日，關於《圖會》的研究，主要集中於文獻學及所涉及各學科方面。關於前者，代表作有俞陽、孫永忠二人之同名作品《〈三才圖會〉研究》。孫永忠一文〔註3〕，強調王圻作品以圖像爲主體、先圖後文的「圖會」特色，以「人物」爲例，分析編纂的得失與特色；俞陽〔註4〕作品總結了《三才圖會》的引書情況，強調該書作爲獨立「圖像文獻」的主要特徵，指出其對後世的多種影響，文後所附王圻年譜亦可參考；不過，俞氏作品正文21頁中，分析《三才圖會》部分者僅有17頁，略顯薄弱，諸多問題沒有詳細展開。藏運鋒、李正柏、李瑩石〔註5〕也分別從域外文獻來源、「器用」卷分析、明代名臣像傳等角度，撰寫碩士論文，可供參考。

〔註3〕發表於《輔仁國文學報》2003年第19期。
〔註4〕復旦大學2003年碩士學位論文，由古籍所陳廣宏教授指導。
〔註5〕藏運鋒：《〈三才圖會〉域外知識文獻來源考》，浙江大學碩士論文，楊雨蕾副教授指導；李正柏：《〈三才圖會‧器用類〉研究》，上海大學碩士論文，郜其昌教授指導；李瑩石：《〈三才圖會〉中明代名臣像研究》，東北師範大學碩士論文，趙軼峰教授指導。

關於後者，有歷史地理學、旅遊地理學、科技史、圖畫史方面的研究成果爲代表。王逸明《1609 中國古地圖集——〈三才圖會・地理卷〉導讀》〔註6〕一書，從歷史地理學、古代輿圖編纂的角度，介紹、評述王氏作品中「地理」部分的主要內容、地圖類型、圖式變體、編纂特色，是《三才圖會》的重要科普作品；不過，王先生此作品出現了較多錯誤，後面我們還會說明，此處不再論列。任喚麟〔註7〕以《三才圖會・地理》與《名山勝記》爲例，從旅遊地理學角度，對晚明旅遊資源進行分類，並用圖表法，對旅遊資源的類型結構與地域分佈，進行統計分析。認爲晚明時期，旅遊資源類型以山嶽與古跡景觀爲主，南直隸與湖廣旅遊資源類型最爲豐富，旅遊資源集中分佈在兩大地帶、三大地區之中，這種分佈情況與地區自然條件的優越以及經濟、文化的發達相一致。李秋芳〔註8〕認爲，《圖會》大量科技圖譜蘊涵豐富科技知識，對於瞭解和研究中國古代科技史，具有重要價值和意義。而呂小川〔註9〕則從普通民眾品位與「觀看世界的方式」等角度入手，強調《三才圖會》在復原民眾生活場景，瞭解民眾觀察世界之視角等方面，亦有價值。范雄華〔註10〕梳理《三才圖會》編纂的邏輯思路，總結出《三才圖會》具有如下圖像觀：邏輯清晰，重視圖像編排；不擬古，重視圖像地位；立象盡意，重視圖像功能；隨類賦彩，重視圖像美感；博採愼錄，重視圖像來源。

　　《三才圖會》還得到海外學者的關注與重視。如英國學者約翰・A・古多爾編著《天地之間——明代百科全書〈三才圖會〉插圖選》〔註11〕一書，是西方學術界第一部研究《三才圖會》的作品。該書精心選擇《三才圖會》、《和漢三才圖會》及中日古版畫及經典文物中的一二〇幅插圖，從西方文化傳統及

〔註6〕王逸明：《1609 中國古地圖集——〈三才圖會・地理卷〉導讀》，首都師範大學出版社 2010 年。

〔註7〕任喚麟、龔勝生、周軍：《晚明旅遊資源類型結構與地域分佈——以〈三才圖會〉與〈名山勝記〉爲數據來源》，《地理研究》，2011 年第 3 期。

〔註8〕李秋芳：《〈三才圖會〉及其科技史價值》，《淮南師範學院學報》，2009 年第 1 期。

〔註9〕呂小川：《圖像證史——解讀〈三才圖會〉》，《泉州師範學院學報》，2012 年第 1 期。

〔註10〕范雄華：《論王圻圖像觀在類書史上的豐碑之功——以〈三才圖會〉爲例》，《設計》，2018 年 3 月。

〔註11〕約翰・A・古多爾（John A.Goodall）撰，英文書名爲 *Heaven and Earth，120 album leaves from a Ming Encyclopedia：San-ts'ai t'u-hui*，1610，倫德・休姆夫雷出版公司 1979 年。筆者中文翻譯本，待出版。

中西文明比較的角度入手，分成神聖力量、靈獸與神族、士人休閒、動物、植物等五個部分，闡釋相關版畫的歷史背景、文化溯源及藝術與民俗特色，集中體現西方漢學研究的研究範式，兼具藝術史、版畫史、中西文明史及百科全書研究的多方面價值。

意大利學者白佐良《意大利與中國》等作品，大量引述《三才圖會》；英國學者福萊特將王圻作品與《武備志》、《天工開物》合稱爲「明代後期三部傑出的插圖本百科全書」，崔瑞德、车復禮主編的《劍橋中國明代史》將《三才圖會》與章潢的《圖書編》並列爲類書中「最突出的兩部作品」〔註12〕，李約瑟的《中國科學技術史》提到，此書是「最有趣的一本……有大量具有科學意義的各類事物的圖畫」〔註13〕。日本學者原天信〔註14〕從文獻角度，梳理了王圻的生平、履歷及作品情況。

《1609 中國古地圖集》書影　　　《明代百科全書〈三才圖會〉插圖選》書影

另外，學術界關於類書、版畫等研究類作品，也涉及到對《三才圖會》的引介與評價。如戚志芬《中國古代的類書、政書、叢書》（商務印書館 1996年，第78、84～85頁）簡述《三才圖會》時，還特別提到，書中著錄之明代

〔註12〕崔瑞德、车復禮：《劍橋中國明代史》上卷，中國社會科學出版社 1995 年，第 826 頁。

〔註13〕李約瑟主編、王玲協助：《中國科學技術史》「導論卷」，科學出版社、上海古籍出版社 1990 年。

〔註14〕原天信：《王圻傳略述》，《中國文學研究》，早稻田大學中國文學會編，第 33 期。

鳳冠圖，爲定陵出土殘破鳳冠之復原，起到重要作用；陳理慧《古籍教育類版畫之研究》（台灣淡江大學碩士論文，吳哲夫教授指導，2003 年）第五章「知識教育類版畫」中，亦簡約評述《三才圖會》。

　　據此，《三才圖會》之研究，仍有重要開掘空間。

三、基本思路與創新點

　　本書以兩部《三才圖會》爲觀察對象，以文獻溯源、百科知識、圖像藝術等爲主要切入點，展開研究。本書重視窮盡式爬梳資料，全面掌握有關文獻，重視分析兩部書近 10,000 幅版畫插圖，語言平實，注重描述，重視總結，涵蓋全面。主要章節及創新點如下：

　　第一章「王圻父子、寺島良安與兩部《三才圖會》」爲緒論部分，從學術史回顧、王圻傳略、《三才圖會》及《和漢三才圖會》的主要內容、特色、價值等角度，簡單介紹兩部作品的基本情況。第一次全面梳理兩書圖版數量、類型、價值、特色爲本章重要內容。

　　第二、第三章爲「兩部《三才圖會》的百科知識與編輯特色」，從百科知識和編輯特色的角度，從分析《三才圖會》、《和漢三才圖會》兩部書的地理、輿圖、宅室、器用、人物、人體、本草藥圖等主題入手，全面展示兩部作品的重要特色與價值，這應該也是目前學術研究領域中第一次全面的整理、分析與總結。

　　第四、第五章爲「文獻使用情況」，從「文」（文獻）的角度入手，全面梳理、分析、總結兩部《三才圖會》分別節引、借鑒、改造《王禎農書》、《武經總要》、《證類本草》、《本草綱目》、《事物紀源》等作品的具體情況，指出兩部《圖會》文獻引文的特點、價值、不足，這也是兩部《三才圖會》研究史上首次、全方位的文獻溯源工作。

　　第六、七兩章分別爲「『圖海』──《三才圖會》的巨量版畫插圖」、「『版畫之美』──兩部《三才圖會》巨量插圖的特色與價值」，主要是從「圖」（版畫插圖）的角度入手，分析《三才圖會》中的人物畫、肖像畫、科普插圖、藝術插圖，分析《和漢三才圖會》中的浮世繪版畫、本草藥圖以及寺島良安借鑒、改造、完善《三才圖會》有關版畫的具體情況。

　　第八章還梳理了後世《古今圖書集成》、《格致鏡原》等作品，對《三才圖會》的引述、借鑒與吸收改造的情況。當然，《集成》與《鏡原》的改造有成功，也有訛誤，這需要足夠關注。

第九章爲結語，用簡練的語言總括本書的主要內容、架構、特色、創新點，附錄部分所附有關表格，皆爲筆者點校、整理兩部《三才圖會》以及撰寫本書時，編繪出來有關文獻方面的統計，以供參考。

又，本書爲節省篇幅，參考文獻不再單獨列舉，通過頁下注讀者自可參考。

第二節　明代後期、日本江戶時代的社會經濟與文化背景

明代中後期在中國歷史的發展與演變中具有極其重要的地位，是傳統中國向近代中國過渡的重要階段；與明後期發展階段類似，日本江戶時期也處於古代日本向近代日本的過渡時期，經濟發展、政治變遷以及文化特色也與明代相同，既充分體現傳統農業社會的特色，又埋下甚至萌芽出近代社會的諸多場景。

一、明代中後期經濟文化發展情況及上海地區的繁榮富庶

在這個時段內，政治方面的專制出現不斷強化的趨勢，明清時期堪稱集權專制的頂峰。雖然有內閣負責的中央政府，但宦官勢力此起彼伏，出現數起宦官專權以及東西廠等特務機構權力跋扈的階段。與政治方面專制強化趨勢不同的則是，有明一代，農業經濟穩步發展，番薯等引種成功，手工業更加興盛，棉麻絲織業非常發達，商業經濟達到鼎盛〔註 15〕，市民生活更加富裕，奢靡之風極其盛行。

1292 年（至元二十九年），華亭縣東北境長人、高昌、北亭、新江、海隅五鄉二十六保地獨立，建上海縣，與華亭縣同屬松江府管理。元後期屬江浙中書行省，明代則屬於南直隸所轄。宋元以來，江南魚米之鄉是最爲繁華富庶的地區，而其中蘇、松、杭、嘉、湖五府位居於核心，松江府更是佔據突出位置。明代王鏊曾提到：「松江一郡耳，歲賦京師至八十萬，其在上海者十六萬有奇。重以土產之饒，海錯之異，木綿、文綾，衣被天下，可謂富矣。」〔註 16〕松江

〔註15〕 何立民：《上海建縣至明代的經濟》，載葉舟主編：《上海通史·上海建縣至明代》，第四卷，上海辭書出版社 2017 年單印本。

〔註16〕 （明）郭經等修纂，何立民整理：《（弘治）上海縣志》，上海古籍出版社 2015 年。

府所轄範圍包括今上海市核心市區、浦東新區、閔行區以及寶山、青浦、奉賢、金山、嘉定等區域，轄區面積爲 2018 平方公里〔註17〕，東南沿海海岸線約爲 37.59 公里，約相當於當下上海市 1／3。自建縣伊始至明末，此區域大半屬松江府管理，所轄縣有華亭、上海、青浦等縣。明朝時期，嘉定縣先屬蘇州府，又歸屬太倉州；崇明等地成陸及陸地擴展較爲緩慢，亦屬蘇州府或太倉州管轄。

 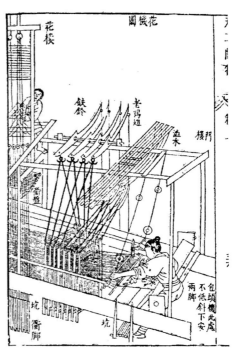

《農政全書・翻車》　　　　　　　《天工開物・花機圖》

明代中後期，東部的松江府境，地形高亢，土性乾鹹，多鹵瘠之壤，不宜水稻，以種植棉花、小麥爲主，豆類、蔬菜、桑園爲輔，兼擅魚鹽萑葦之利。西部華亭及後來的青浦、婁縣等地則河網密佈，水田彌望、湖泖蕩漾、塘浦交匯、宣泄有時、灌溉方便，地皆膏腴，以種稻爲主，農耕歷史悠久，精耕細作，產量較高，品種較多，爲江南地區最爲重要的產糧區〔註18〕。

〔註17〕褚紹唐：《上海建縣以來的人口變遷》，《學術月刊》，1985 年第 9 期。
〔註18〕（清）孫星衍、莫晉等纂：《（嘉慶）松江府志》卷五《風俗》。

　　明代上海地區具體人口數量一直無法準確估量，但120～160萬左右的人口數字，應該基本符合三百五十餘年的上下變化情況〔註19〕。考慮到歷代丈量精確程度、田土塌陷新漲、荒地隙地墾殖、灘塗圍懇造田、田土隱匿詭寄等各類特殊情況，自上海建縣至明末的三百五十年間，整個上海地區耕地面積450～500萬畝左右，基本符合歷史事實。如以一百六十萬人為明代上海地區人口基數、洪武年間土地為基準的話，人均田土為3.1畝〔註20〕，每戶4～5人，戶均土地則為十五畝左右〔註21〕，最多不超過二十餘畝〔註22〕。

　　元末明代，上海地區主要農作物包括早稻、中稻、晚稻，小麥、大麥、蕎麥，大豆、蠶豆、綠豆、赤豆，玉米、高粱、甘薯等許多品種。元明時期，上海地區棉花種植業有了突飛猛進的發展，明人顧彧《竹枝詞》曰：「平川多種木棉花，織布人家罷緝麻。昨日官租課正急，街頭多賣木棉紗。」〔註23〕可見有明一代植棉、紡紗、織布的興盛景象。而王圻生活的十六世紀後期、十七世紀前期，估計上海附近沿海一帶的棉田約有百餘萬畝〔註24〕。上海、嘉定、寶山、川沙、南匯、奉賢、崇明等七地大約有70%左右的耕地，用於種植棉花。上海縣年產銷棉布約一五〇〇萬匹，松江府則年產銷數千萬匹布，譽稱「衣被天下」。而明末清初，平均每畝可收籽棉八十斤，價值超過了豐年水稻收益〔註25〕。明代松江棉布，無論從實用言，從技術精湛言，都超過蘇杭，位居全國第一位。這充分反映明代松江府紡織技術，已達到極其純熟、高效的水準，代表了傳統中國棉紡織業的黃金時代。

〔註19〕　李伯重先生統計明初松江府人口為1219937人，考慮到明代初年，今天青浦、嘉定以及崇明等地分別屬於蘇州或太倉州所轄，如將其境內人口統計在內，則160萬左右仍符合歷史事實。參氏撰《宋末至明初江南農民經營方式的變化──十三、十四世紀江南農業變化探討之四》，《中國農史》，1998年第3期。李伏明：《論明清時期松江府的農業發展及其地位》，《中國農史》，2006年第3期。

〔註20〕　從翰香統計為人均4.2畝，見氏撰《論明代江南地區的人口密度極其對經濟發展的影響》，《中國史研究》，1984年第3期。

〔註21〕　李伏明：《論明清時期松江府的農業發展及其地位》，《中國農史》，2006年第3期。李伯重：《「人耕十畝」與明清江南農民的經營規模》，《中國農史》，1986年第2期。

〔註22〕　李伯重統計為21畝，見氏撰《宋末至明初江南農民經營方式的變化──十三、十四世紀江南農業變化探討之三》，《中國農史》，1998年第2期。

〔註23〕　轉引自《(萬曆)上海縣志》卷一。

〔註24〕　何泉達根據現代科學統計的方法，計算出松江地區只適應種植棉花的耕地約為140萬畝，約占松江府耕地面積的22.7%。參何泉達：《明代松江地區棉產研究》，《中國史研究》，1993年第4期。

〔註25〕　李伯重：《明清江南農業資源的合理利用》，《農業考古》，1985年第2期。

　　據明弘治《上海縣志》記載，當時種植的蔬菜品種有青菜、豌豆、冬瓜、薑、蒜以及藕、菱、芡等三十多個品種；至明嘉靖年間，又始種萵筍、絲瓜等品種；萬曆時期的嘉定縣還有菘菜、白菜、箭杆菜、芥菜、甜菜、菠菱菜、蔥、蕹菜、莧菜、黃瓜、茄子、芫荽、茭白、葫蘆、南瓜、北瓜等品種；崇明縣還有韭菜、蘿蔔、筍、扁蒲、稍瓜、王瓜、荣瓜、芋艿、茨菰、芹等品種；青浦縣還有苦瓜、瓠子等品種。上海地區瓜果類種植廣泛，上海縣及嘉定縣計有桃、李、梅、杏、棗、柿、橘、柑、柚、橙、金橘、香櫞、梨、柰、枇杷、林檎、石榴、蓮苕、葡萄、荸薺、櫻桃、胡桃、楊梅、西瓜、南瓜、地栗、甘蔗、松子等二十餘個品種；崇明縣還有核桃、銀杏、來禽、青菱等品種〔註26〕，產量較大，全方位滿足當地居民食果之需。

　　由此可見，上海地區農業繁榮，棉紡織、鹽業等多種手工業極其發達，交通運輸便捷，商業貿易興盛，在此基礎上，諸多市鎮如雨後春筍般不斷崛起，宋元時期的八個城鎮，擴大到明正德時期四十四個，崇禎年間又增至六十一個；如果加上嘉定縣、崇明縣的城鎮，當數量更大。其中，較為典型的代表城鎮有華亭縣的金澤鎮、朱涇鎮、楓涇鎮、小蒸鎮、小官鎮、曹涇鎮、泗涇鎮、張涇堰鎮、亭林鎮、沙岡鎮、南橋鎮、青村鎮、北七寶鎮、吳會鎮、鳳凰山鎮、莘莊鎮，上海縣有青龍鎮、盤龍鎮、龍華鎮、唐行鎮、八團鎮、一團鎮、大場鎮、烏泥涇鎮、吳會鎮、新昌鎮、下沙鎮、周浦鎮、三林塘鎮，萬曆元年由華亭、上海析置的青浦縣除二縣劃歸外，新增了朱家角鎮、沈港鎮、劉夏鎮、艾祁鎮、古塘鎮、金家橋鎮、楊扇鎮、天興莊鎮、雙塔鎮、郟店鎮、北斡山鎮，嘉定縣區域有南翔鎮、真如鎮、羅店鎮、婁塘鎮、新涇鎮、月浦鎮、外岡鎮、紀王廟鎮、楊家行鎮、徐家行鎮、安亭鎮、黃渡鎮、廣福鎮、江灣鎮、大場鎮、葛隆鎮、清浦鎮等等〔註27〕。這是明代市鎮經濟的典

〔註26〕上述品種分參《(正德) 松江府志》、《(弘治) 上海志》、《(萬曆) 嘉定縣志》、《(萬曆) 青浦縣志》、《(康熙) 崇明縣志》、《(嘉靖) 昆山縣志》、《(萬曆) 嘉興府志》、《(天啟) 平湖縣志》等地方志「土產」或「物產」相關部分。

〔註27〕綜合吳仁安、樊樹志、陳學文先生有關統計。吳仁安：《明清上海地區的城鎮的博興及其盛衰存廢變遷》，《中國經濟史研究》，1992 年第 3 期；樊樹志：《市鎮與鄉村城市化》，《學術月刊》，1987 年第 1 期；陳學文：《明清 (蘇州府) 嘉定縣的市鎮與商品經濟》，載《明清社會經濟史研究》，臺灣稻禾出版社 1991 年，第 99～125 頁。並參閱《(萬曆) 嘉定縣志》卷一「市鎮」；《(崇禎) 松江府志》卷三「鎮市」。

範，更是明代江南地區繁榮富庶的縮影〔註28〕。

與農業、手工業、商業穩步發展、不斷繁榮相對應的則是文化的繁榮。有明一代，在傳統中國文化上有光彩奪目的一筆。明代中期開始，文學方面的詩歌、散文繼續發展，出現了前後七子，王世貞、董其昌等更是執文壇牛耳多年；雜劇、傳奇、南戲等戲劇不斷繁榮，以《西遊記》、《三國演義》、《金瓶梅》和「三言二拍」為代表的小說更是正式登上歷史舞台。董其昌等人的書法，吳門四家的繪畫，燦爛輝煌的藝術大發展在傳統中國歷史上也具有一席之地。而金陵、湖州的圖書印刷出版，書院教育的不斷興盛，科舉取士制度的完善，陽明心學、泰州學派、晚明實學的學術發展，科學技術的不斷進步，共同構成有明一代瑰麗而濃墨重彩的畫卷。雖然存在王族膨脹、邊患倭寇、起義暴動、藩王作亂、天災人禍、稅負嚴重等方面的波折，整體上看，明代中後期仍然是傳統社會不斷完善和走向成熟的重要時期。以上海地區為例，政有徐階、徐學謨，文有陸深、陳繼儒，藝有董其昌、李流芳，學有朱舜水、何良俊，科有徐光啟、孫元華，醫有李中梓、秦昌遇，眾星輝耀，共同代表了明代時期上海地區的人文鼎盛。

正是在這樣的歷史環境與文化背景之下，《三才圖會》的作者王圻，辭官之後在友朋子侄的協助下，以抄書、編書、刻書為後半生的主要任務。王氏所編《三才圖會》、《續文獻通考》、《稗史類編》等作品，體量巨大，動輒百餘卷，甚至數百卷，印刷成型、裝訂成冊的整套圖書，少則如《三才圖會》有八十一冊，多者達到上百冊。上述龐大工作的順利完成，除了王氏父子的辛勤耕耘之外，離不開江南地區極其發達和繁榮的印刷技術、商業社會與圖書市場，為王氏購置、抄寫各類圖書、各類文具提供便利，離不開廣泛私塾與書院教育之後、子侄門生輩的協助與校勘。更離不開發達造紙業提供的紙張，離不開湖州、歙縣等地提供的筆、墨、硯，離不開諸多刻工雕而成型的書版，離不開金陵、杭州等地的印刷工廠。應該說，是經濟繁榮、物質豐裕、文化鼎盛等因素，共同成就了王氏卓爾不凡的編書偉業。

〔註28〕何立民：《上海通史》第三卷《上海建縣至明末》「經濟」部分，熊月之總主編、馬學強主編、葉舟主編，上海人民出版社2017年。感謝范金民先生等評審專家提出的重要意見和建議。

《紅梨花記》版畫〔註29〕　　　　　　　　《程氏墨苑》插圖

二、日本江戶時代經濟文化的發展情況

　　描述日本江戶時代經濟文化發展的作品很多，這裡，我們主要以鈴木理生《江戶時代的風俗與生活》〔註30〕、吉田伸之《成熟的江戶》〔註31〕、李卓《日本近世史》〔註32〕、威廉‧E.迪爾《中世和近世日本社會生活》〔註33〕等作品為基礎，簡單勾連并描繪出寺島良安生活之江戶時代的經濟、文化與社會面貌。

　　江戶時代的日本，封國並立，天皇屬於名義上的領袖，真正掌權并治理國家的則是德川將軍、大名（幕臣）、陪臣等幕府所代表的家族，隨之則是武

〔註29〕　轉引自趙前主編：《明代版刻圖典》，文物出版社 2008 年，第 456 頁。
〔註30〕　南京大學出版社 2014 年。
〔註31〕　北京大學出版社 2011 年。
〔註32〕　昆侖出版社 2016 年。
〔註33〕　商務印書館 2016 年。另外，還參考濱野潔等《日本經濟史》（南京大學出版社 2010 年）、速水容《近世日本經濟社會史》（南京大學出版社 2015 年）、張博《浮世繪、武士道與大奧》（上海三聯書店 2014 年）。

士、僧侶、神職等均有統領權力的中等階層，之後是農、工、商，以及奴隸、
藝伎、歌舞伎爲代表的最下層民眾。當時，最重要的城市分別是江戶、京都、
大阪、長崎，除此之外，則是大名等幕臣所居住的金澤、名古屋等中小城郭，
而廣大民眾則主要是分佈於廣大荒野、山川、海濱區域的村─町之內。廣大
原野上，具有重要地位的則是支撐百姓小規模經營、生活的小自治組織──
「村中」，其中農業爲主的村落居多，兼有漁村─山村─小集鎮等聚居形態。

十七、十八世紀的江戶時代，開始用腳踏水車汲水工作，發明了 2 至 4
齒的備中鎬，普及了千齒脫粒機、千石篩，還用草綠肥肥田，使用紅石灰除
蟲劑，漸漸採用輪種及雙季稻技術，整體水稻的平均畝產由原來的一石三斗，
增加到一石五斗。在此基礎上，還出現了總結農業科技技術的《清良記》、《百
姓傳記》、《會津農書》、《農業全書》等重要作品，進一步總結農業經驗〔註34〕。

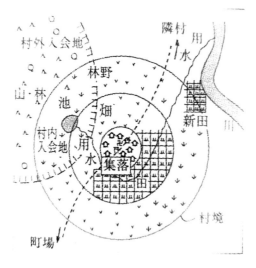

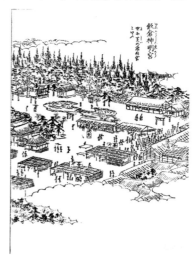

江戶時代村莊模型圖〔註35〕　　　　　　芝明神社演劇場景〔註36〕

鎌倉時代朱子學傳入日本，直至江戶時代的十七世紀前後，爲維護等級
制度，德川家康召藤原惺窩還俗，到江戶創立儒學京學派，并與林羅山以名
儒身份，爲諸侯公卿講解四書學問，使朱子學說脫佛入儒。除此之外，足利
學校、廟塾等各類教育機構，也多以朱子理學爲教育及蒙學根本。當然，除
朱子學之外，陽明學、佛教、神道教也在各自領域發揮著重要作用。

〔註34〕吳廷璆：《日本史》，南開大學出版社 1994 年，第 249 頁。
〔註35〕吉田伸之：《成熟的江戶》，北京大學出版社 2011 年，第 22 頁。
〔註36〕吉田伸之：《成熟的江戶》，北京大學出版社 2011 年，第 142 頁。

　　松尾芭蕉開創的蕉風俳諧，把俳諧這種詩歌體提向更加雅緻的藝術境界，廣泛流行於市民之中。而井原西鶴創作的《好色一代男》、《好色一代女》等名為「浮世草子」的風俗寫實小說，則全方位展示十七世紀商人享樂、肉慾、盈利、守財的慾望追求與人生百態，永遠閃耀著人本主義的光芒。與此同時，隨著三線等樂器的使用，滿足普通市民需求的木偶劇與說唱戲相結合的人形淨琉璃，也更加興盛，竹本義大夫、近松門左衛門等樂曲與劇本創作，影響很大，傳承至今。此外，類似於現代歌舞劇的「歌舞伎」也很興盛，出現坂田藤十郎、市川團十郎等著名演員，由近松門左衛門為其創作腳本，配以淨琉璃、長唄等樂器、樂曲，歌舞伎迅速成長為舞蹈、音樂、戲劇、繪畫融匯一體的藝術形式，《和漢三才圖會》中諸多圖版，也描繪了這種綜合性藝術由簡陋舞台，向設有雅座包廂的大型劇場發展的具體場景。當然，這個時期藝術方面的重要表現也包括浮世繪的大發展，關於浮世繪我們後面還會論述，此處不再展開。

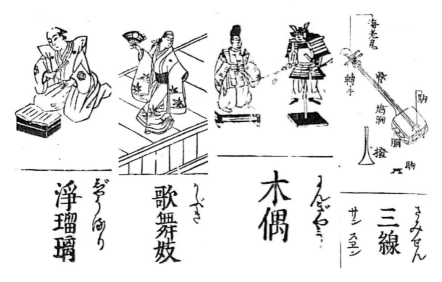

《和漢三才圖會》部分書影

　　除了經濟社會、文學藝術之外，受蘭學、漢學的雙重影響，江戶時代的科學技術也有了一定進步。其中，與農業直接有關的還有安井算哲創造的貞享曆，關孝和的《發微算法》則體現了日本江戶時代數學方面的進步。同樣，在漢方醫學影響之下的日本醫學，也體現出一些注重親身驗試、實地考察的實學特色。如貝原益軒注重調查研究，在李時珍《本草綱目》的基礎上，實地調查日本的藥物生長、出產情況，採集了三百餘種動植物及礦物，編纂《大

和本草》十六卷，這是在實地考察與探驗基礎上日本本草學的重要進步。而稻生若水也是在實地考察基礎上，編纂完成多達三百六十卷的大型本草作品──《庶物類纂》。值得一提的是，《和漢三才圖會》的作者寺島良安本人身份則是六品身份的醫生──法橋，與貝原、稻生同時代，非常注重本草藥物及臨床實踐的梳理與總結，《和漢三才圖會》有關本草類的部分，添加了諸多寺島氏多年行醫與目驗的案例，值得參考，值得充分挖掘。與此類似，野呂元丈《荷蘭本草和解》、前野良澤所譯《解體新書》則受西醫影響，充分體現了日本近世醫學及實驗醫學的進步。

　　大大小小的城市與城郭，星星點點的村町，勤於耕作的農民，忙於手工業勞作的普通工匠，走街串巷的小商小販，安於經營、勤於算計的攤主，運輸貨物的商販與鏢師，打坐修行或行腳弘法的各類僧侶，往返於朝鮮、琉球、東南亞、中國的使臣與商人，流竄於海上、以劫掠爲生的海盜與浪人，嫻於藝術的「演職」人員，遊走各地的浪蕩子，佩刀持劍、忠於職守的下層武士，從事專業工作的官吏兵卒，養尊處優、安於享樂的達官貴人，悠遊自在、無所事事的皇族幕府，以及廣袤的原野、大量的農田、瑰麗的山川、蜿蜒的道路，共同構成日本列島的花花世界。

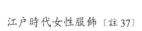
穿"小袖"和服的婦女：左為一商人之妻，身著絲綢；右為一勞動者之妻，身著棉布。

江戶時代女性服飾〔註37〕

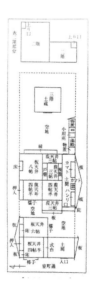

十八世紀日本人山田屋弁太郎房產圖〔註38〕

〔註37〕轉引自〔美〕韓利《近世日本的日常生活》（三聯書店 2010 年），第 72 頁。
〔註38〕吉田伸之：《成熟的江戶》，北京大學出版社 2011 年，第 77 頁。

　　《和漢三才圖會》的編纂者寺島良安生活在這樣的日本，其家族世代行醫，其本人還是和氣仲安的弟子，住在江戶城中專業瓦工、木匠利用木頭、蘆葦、稻草、竹子、石頭等材料建造的院落宅居裏面，院落裏正房內為榻榻米，佈置與擺設簡樸而典雅，文房用具、瓶杯盤、小飾品置於茶几之上，角落又擺放簞笥、押入，用以盛放衣服、化妝品、配飾、床上用品等等。早晨起床、洗漱、進餐後，身著棉布服飾（偶爾身著絲綢），腳蹬木屐，到達衙門，與同僚一起完成醫官診斷、治療、討論與研究等工作，偶爾帶著學生或子弟臨床指導。下午回家後，用小桌子和食盤，吃著神田市場購置、廚娘僕役們加工成熟的米飯、蔬菜、魚鮮，喝著清酒或熱茶，向父輩們請教、問安之後，讀著書店所買或僱人抄寫的中日學者所撰各類漢文作品，忙著整理父輩及個人行醫的各類醫案與行醫記錄，偶爾翻一翻《料理物語》等各類食譜，隨時把玩一下紙扇、飾物，可能每日一記、隨手做些讀書札記或日課記錄。正是在這樣的環境中，寺島氏憑藉多年實踐與經驗積累，先後完成《和漢三才圖會》及《通世寶》等作品，在江戶時期日本漢學與醫學舞臺上，留下自己濃墨重彩的一筆。

第三節　王圻著作編纂考 [註39]

　　《三才圖會》是中國歷史上最著名的圖譜類書（「插圖版類書」），其作者是明代嘉靖、萬曆時期的上海人王圻 [註40] 及其子王思義。

一、王圻小傳

　　王圻（1530～1615），初名堰，字公石。後改名圻，字元翰，號洪洲。嘉靖四十三、四十四年（公元 1564、1565 年），王圻以三十五歲的盛年，連續得中舉人、進士，開啟步入仕途、服務社會的大門。他曾擔任過清江、萬安等地的知縣，後又升任升監察御史。後來因敢於直言，守正不阿，得罪當時的政府首腦，被貶為福建省主管監察、司法事務按察使的屬員，擔任僉事一

〔註39〕　又，此部分曾以《王圻傳》，列入《上海通史・人物傳》之中，謹對主編馬學強、編委葉舟等老師表示感謝。

〔註40〕　繆詠禾《明代出版史稿》第十四章「明代出版人物」第二節「明代出版人物小傳」有「王圻」小傳。參氏撰《明代出版史稿》，江蘇人民出版社 2000 年，第 485～486 頁。

職。後又屢遭構陷，被打發到大西南的四川山區，擔任邛州判官。後又積功，先後擔任進賢知縣、開州知州、武昌兵備道、陝西布政司右參議等職務。

王圻為人端方正直，嫉惡如仇，勇於擔當，一心為民。擔任曹縣知縣、開州知州時，平徭均賦，積極推行一條鞭法，既便於輸納，又緩解百姓困苦，頗受稱讚。而督學荊楚時，制定制度，以身作則，當地文風日起，培育人才無數。

王氏於仕途跌宕起伏數十年後，決定辭官歸鄉。其人生最後二十餘年，在仲子王思義等人陪伴、襄助下，肆力著書，編纂古籍。

王圻愛書成癖，是古代為數不多的「書蟲」、「書癡」、「書癖」之一。其廣搜博取，藏書極多，學識淵博，撰述宏富。王氏與蘇州王鏊、太倉王錫爵，並稱為「蘇南三傑」。與當時名士何三畏、李庭對、唐汝詢等多有唱和。後學錢龍錫、陸萬言、倪甫英等，亦樂從其遊。

二、王圻著作編纂情況

王圻精力過人，博聞強記，生前曾編輯刊刻作品極多，較為重要的有如下種類：

《續文獻通考》，二百五十四卷，萬曆十四年（公元 1586 年）成書。是書所收材料起於南宋嘉定年間，訖於明萬曆初年。略仿南宋馬貴與《文獻通考》，兼取其長，收及人物。全書共分三十考，相較《通考》，王氏增加「節義」、「書院」、「氏族」、「六書」、「道統」、「方外」六目〔註41〕。各考之下，又分子目。如「田賦考」中增加了黃河、太湖、三江、河渠，「國用考」中增加了「海運」，「學校考」中增加了「書院」、「義學」。是書取資廣泛，史料價值巨大。明胡維霖《墨池浪語》曰：「（圻）搜羅四十年，起嘉定以後，輯遼、金、元與國朝典故，貴與所有者則續之；若夫『節義』、『氏族』、『六書』、『諡法』、『道統』、『方外』諸考，貴與所末有者，則增之。仍自上古至聖朝，以『節義』附『學校』，『氏族』附『封建』，『六書』附『經籍』，『諡法』附『王禮考』，『黃河』、『大湖』、『河渠』附『水利』，『海運』附『漕運』之末，蓋各有深義，而于『道統』尤詳。」〔註42〕是書又入「四庫全書・存

〔註41〕 王圻：《續文獻通考・引》，載「四庫全書存目叢書・子部・類書類」，一八五冊，齊魯書社 1995 年，第 10 頁。

〔註42〕 載《胡維霖集・墨池浪語・續文獻通考》，卷一，明崇禎刻本。又，俞應時修，俞樾纂《（同治）上海縣志・藝文・類書類》（卷二十七）於「續文獻通考」條下注文，與胡氏語略同，可參。

目」及「四庫全書存目叢書」〔註43〕中，可參。現存版本有明萬曆三十一年曹時聘刻本等。

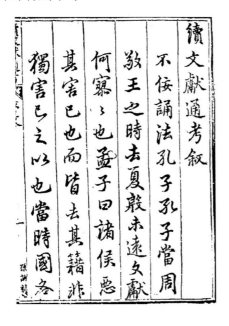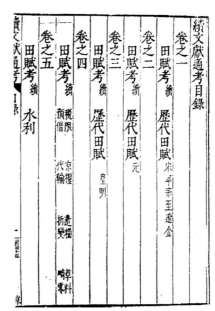

《續文獻通考》周家棟《敘》書影　　　　　《續文獻通考‧目錄》書影

　　《稗史類編》，又名《稗史彙編》，一百七十五卷。本書以元代仇遠《稗史》、陶宗儀《說郛》等書爲本，刪其繁蕪與詭異，兼採「類書」及「典制體」史書之體〔註44〕，匯編各類稗官野史小說〔註45〕。共分二十八綱，三百二十目，一萬一千八百條。王氏博獵群書，分類匯總，引書即達八百餘部〔註46〕。此書引證雖博，但亦有「輾轉裨販，共列虛名者多」之病，需要注意。後此書被收入「四庫全書‧存目」、「四庫全書存目叢書」中〔註47〕。又，北京出版社亦有影印本出版，可供參考〔註48〕。

〔註43〕「子部‧類書類」，一八五冊至一八九冊，齊魯書社 1995 年。
〔註44〕劉天振：《〈稗史彙編〉之編輯及其「史稗一體」觀》，《復旦大學學報》，2011年第 4 期。
〔註45〕參王圻：《稗史彙編‧引》，「四庫全書存目叢書‧子部‧雜家類」，第一三九冊，齊魯書社 1995 年，第 532～533 頁。
〔註46〕參清宋如林等修纂《（嘉慶）松江府志‧藝文志‧子部雜家類》（卷七十二）「《稗史類編》注」。
〔註47〕「四庫全書存目叢書‧子部‧雜家類」，第一三九冊，齊魯書社 1995 年。
〔註48〕參王圻纂集：《稗史彙編》，北京出版社 1993 年出版。書名亦爲《稗史彙編》，待考。

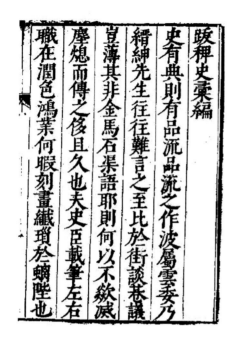

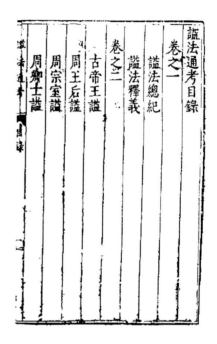

王圻《跋稗史彙編》書影　　　　　《謚法通考·目錄》書影

　　《謚法通考》，十八卷。此書俱載列朝至明萬曆年間，君后、妃嬪、皇族、王公、卿相、百官、隱逸及異端、宦寺之謚號，以備考證。而卷首所載「謚法總記」、「謚法釋義」二目，則發凡起例，提綱挈領，予以分析，值得重視。紀昀《四庫全書總目》提到：「其卷首冠以『總記』、『釋義』二目，猶《續文獻通考》之例，又所以自補其缺也。」據此，是書原為《續文獻通考》之一部，單獨發行。而向燕南先生亦提到，「現今通行本的《續文獻通考》中『謚法考』部分，是根據《謚法通考》再行補充修訂而成」〔註49〕。後此書又入「四庫全書存目叢書」〔註50〕中，可參。

　　《兩浙鹺志》，亦名《兩浙鹽志》〔註51〕。是書二十四卷，包括：《圖說》二卷，《詔令》一卷，《鹽政》十三卷，《職官表》一卷，《列傳》一卷，《奏議》三卷，《藝文》三卷。是書據《鹽規類略》、《酉戌沿革》、《行鹽事宜》等書及有關舊志，分門別類，刪繁舉要，增補綴集而成，於浙中鹺務鹽政，

〔註49〕向燕南：《王圻纂著考》，《文獻》，1991年第4期。
〔註50〕「四庫全書存目叢書·史部·政書類」，第二六九冊，齊魯書社1995年。
〔註51〕據朱彝尊《敬志居詩話·王圻》（卷十三，嘉慶年間扶荔山房刻本）、張廷玉等撰《明史·藝文二》等所述，此書亦名《兩浙鹽志》。向燕南先生《王圻纂著考》（《文獻》，1991年第4期）亦注此名。

紀錄頗詳，值得參考。但所列內容「多一時補苴之法，不盡經久之制」，亦屬不足〔註52〕。此書又入「四庫全書存目叢書」〔註53〕中。

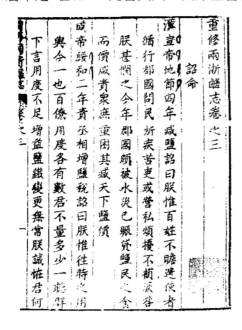

《兩浙鹾志》書影　　　　　　　　《王侍御類稿》書影

　　《王侍御類稿》〔註54〕，十六卷，王思義搜集，陸應陽校讎。卷首備載郭正域、吳國倫、陸應陽三《序》〔註55〕及王思義《引》。前十五卷爲王圻自傳詩文合集，卷一至十三爲文集，卷十四至卷十五爲詩集。包括奏疏、序、

〔註52〕 參永瑢等：《四庫全書總目提要》，史部四十政書類存目二。

〔註53〕 「四庫全書存目叢書‧史部‧政書類」第二七四冊，存「卷三至卷二十二」共計二十卷。

〔註54〕 周珊曰：「《王侍御類稿》，又名《洪洲類稿》。」參氏撰《王圻〈稗史匯編〉初探》，山東大學碩士論文，王平教授指導，第17頁。案，清宋如林等修纂《(嘉慶)松江府志‧藝文志‧集部‧別集類》(卷七十二)注曰：「是集(引者注：即《洪州類稿》)詩一卷，文三卷，今列《四庫全書‧存目》。」可參。據王思義《續刻先侍御類稿引》，此書爲王圻督學荊楚時，匯集刊刻而成。又，黃虞稷原編，王鴻緒、張廷玉等刪定《明史藝文志》(商務印書館1959年，第111頁)有言曰：「王圻，《鴻洲類稿》，十卷。」書名略異，卷數亦不同。存疑待考。《王侍御類稿》十六卷，而《洪州類稿》卷數皆不符，是否爲同一作品，仍需考證。

〔註55〕 其中，陸應陽所撰名爲《續刻王侍御類稿序》，其中「續刻」表明，《王侍御類稿》非一次成書，而經多次編纂，「續刻」之前所成書可能與《洪州類稿》有淵源關係，存疑待考。

記、跋、頌、讚、尺牘、策、論、銘、祭文以及古詩、絕句、律詩等，體裁多樣，內容廣博，彌足珍貴。第十六卷「附刻」部分包括「倡和集」、「碑記」、「墓誌、行狀、行實」、「移疏」等內容，既有圻撰詩歌、碑記，更載友朋酬答及同僚去思、墓誌、行狀等作品。是書又入「四庫全書存目叢書」〔註56〕中，可參。〔註57〕

陸應陽《續刻王侍御先生類稿序》　　　　　《王侍御類稿》書影

　　《明農稿》，八卷。關於此書，王思義指出：在《洪洲類稿》基礎上，圻親自裒集，增補近作詩文，而名之曰《明農稿》，共八卷；其內容則四倍於《洪洲類稿》。圻友人何爾復又提到「四卷本」的《明農稿》〔註58〕，其與八卷本分合情況，尚不得而知。向燕南先生在《王圻纂著考》中，曾提到《明農稿》內容亦包含於上述《王侍御類稿》中，可參。

〔註56〕「四庫全書存目叢書‧集部‧別集類」，第一四○冊，齊魯書社1995年。

〔註57〕筆者整理《王侍御先生類稿》亦可參考，待刊本。

〔註58〕參何爾復：《明故朝列大夫、陝西布政使司右參議洪洲王公暨配誥封宜人陳氏行實》，載《王侍御類稿》，卷十六，第513頁。

　　王氏其他作品還有《洗冤集覽》〔註59〕（又名《洗冤錄》〔註60〕、《洗冤錄集覽》〔註61〕）、《古今考》、《古今詩話》、《禮記袞言》、《武學經傳句解》、《雲間海防志》、《東吳水利考》、《吳淞江議》、《西遊稿》等作品多種，並主纂《青浦縣志》等。流轉至今各類作品近千萬字，與徐光啓、陸深、陳繼儒等，並爲上海文化先賢之一，值得重視。

三、王思義小傳及作品

　　圻仲子思義，號允明，太學生。與圻志趣相投，棲心圖譜，廣加搜集，協助修纂《三才圖會》一書。除校勘圻《王侍御類稿》之外，還輯著有《香雪林集》、《宋史纂要》、《故事選要》等論著。

王思義續纂《三才圖會》書影　　　　　王思義纂《香雪林集》書影

〔註59〕王圻《續文獻通考·經籍考》（商務印書館 1959 年，第 448 頁）、《〈洗冤集覽〉序》（《王侍御類稿》，卷三，「四庫全書存目本」，集部 140，第 196～197 頁）、明陳第《世善堂藏書目錄·史類》（卷上，知不足齋叢書本）作此。

〔註60〕參陸應陽：《續刻王侍御先生類稿序》，載《王侍御類稿》卷首，第 109 頁；顧秉謙：《明故朝列大夫、陝西布政使司右參議洪洲王公暨配誥封宜人陳氏合葬墓誌銘》，卷十六，第 503 頁。

〔註61〕清俞應時修、俞樾纂《（同治）上海縣志·藝文·法家類》則作「洗冤錄集覽」，且注曰：「《府志》無『錄』字，『集』作『習』。」似爲同書異名。

第四節 《三才圖會》的架構與內容 〔註62〕

《三才圖會》〔註63〕一書，又名《三才圖說》、《三才圖會說》，正文一〇七卷，卷首諸序一卷。此書部頭極大，洋洋灑灑三百餘萬字，十六開影印本即二千五百餘頁，六一二五幅插圖（表格），不僅是古代類書巨著，更是古代插圖版畫名作。

一、《三才圖會》卷數、架構

《三才圖會》一般標註為「一〇六卷」〔註64〕。此說法似據有關著錄、目錄歸納而成。實際情況則是：「人物」部分，有「又八」卷之目，內容為明朝名臣像傳及「道統總圖」、「傳經圖」等，據此，當為一〇七卷。如果將卷首列入，則為一〇八卷。

關於「三才」，《周易·說卦》曰：「是以立天之道，曰陰與陽；立地之道，曰柔與剛；立人之道，曰仁與義。兼三才而兩之，故易六畫而成卦。」〔註65〕鄭玄注曰：「三才，天地人之道。」 據此，《圖會》一書，借鑒唐宋時期諸多類書編纂經驗和原則，以天、地、人為綱，採用「天、地、人、事、物」之序〔註66〕，按照天文、地理、時令置首，人物及有關衣、食、住、行、用次之，鳥獸、蟲魚、草木殿後等原則，安排圖書架構統編全書〔註67〕，而傳統「禮樂」思想則又貫穿全書。

〔註62〕 此節及下節內容，曾以《王圻父子〈三才圖會〉的特點與價值》為名，發表於《史林》雜誌2014年第3期。謹向雜誌社及虞萬里先生表達謝意。

〔註63〕 本節及隨後數章多簡稱為「圖會」。

〔註64〕 《三才圖會·出版說明》，上海古籍出版社影印本。

〔註65〕 清阮元等校刻：《十三經註疏·周易正義·說卦》卷九，中華書局1980年，第93～94頁。

〔註66〕 如《藝文類聚》將天、歲時、地部置於首位，並增加人部及與人有關之部類。參夏南強：《類書分類體系的發展演變》，《華南師範大學學報》，2001年第1期。

〔註67〕 這些思想不僅體現於《凡例》中，更體現於結構部類、子目以及卷內編排順序中，值得深入挖掘。又，夏南強先生曾提到：「古代類書，設有『凡例』，且在『凡例』中說明其立類思想的，可謂絕無僅有。」此論略顯偏頗。參氏著《類書分類體系的發展演變》，《華南師範大學學報》，2001年第1期。不過，《圖會》卷首《凡例》十條中，前九條說明王圻所編「天文」、「地理」、「人物」三部；第十條僅列舉剩餘各部之目，沒有詳細闡釋，多有缺憾。

二、基本內容

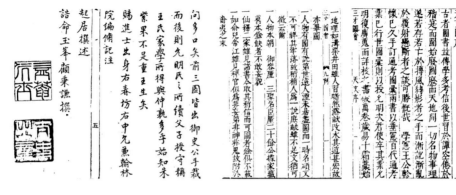

《三才圖會序》（顧秉謙撰）　　　《三才圖會・凡例》　　　《三才圖會・天文圖序》

（李庭對撰）

　　是書卷首一卷，列周孔教、顧秉謙、陳繼儒所撰三序，王圻撰、侯孔鶴書之《三才圖會引》〔註68〕次之〔註69〕。正文一〇七卷〔註70〕，分「天文」、「地理」、「人物」、「時令」、「宮室」、「器用」、「身體」、「衣服」、「人事」、「儀制」、「珍寶」、「文史」、「鳥獸」、「草木」十四部〔註71〕。因此書卷帙浩博，這裡不必繁複，將其內容簡述如下〔註72〕：

〔註68〕又載王圻：《王侍御類稿》，卷七，「四庫全書存目本」，集部140，第264頁。

〔註69〕其中一版本，闕王圻此文，而有熊劍化之《序》，詳見下文。又，據嚴紹璗先生所述，內閣文庫等處所藏《圖會》，前有萬曆三十五年王衡《序》。查閱手頭諸本，皆無此序，暫未知王衡爲何許人，存疑待考。見氏撰《日藏善本漢籍書錄・子部・類書類》，中冊，中華書局2007年，第1057頁。

〔註70〕上海古籍出版社影印本《出版說明》、呂小川等人所統計之卷數，皆有訛誤。

〔註71〕卷首顧秉謙《序》中有「其綱凡十有五，而其目無慮三百」之說，雖經核查，十四部當無誤，但顧氏「十五」之說必有根由。卷首《凡例》最後一條曰：「凡時令、宮室、身體、衣服、禮樂、文史、人事，與夫器用、草木、鳥獸、昆蟲之類，俱各有圖。」其中，「禮樂」、「昆蟲」二說，值得注意。《凡例》十條中，前九條皆敘述圻所纂「天文」、「地理」、「人物」編纂原則。唯有第十條敘述王思義所編部分。其中，「禮樂」當即書中「儀制」部分，而「鳥獸」、「昆蟲」當即書中「鳥獸」部分。而書中「鳥獸」部分，前四卷分別標有「鳥類」、「獸類」，而五、六卷則標有「鱗介」小字注文。據此，筆者懷疑：前四卷當即《凡例》所謂「鳥獸」，而五、六兩卷之「鱗介」當即《凡例》中之「昆蟲」。如此說成立，則符合顧秉謙「十五」之說。存疑待考。

〔註72〕卷首周孔教《序》亦曾簡述此書內容曰：「上自天文，下至地理，中及人物。精而禮樂、經史，粗而宮室、舟車。幻而神仙鬼怪，遠而卉服鳥章。重而珍奇玩好，細而飛潛動植。悉假虎頭之手，效神姦之象。卷帙盈百，號爲『圖海』。」

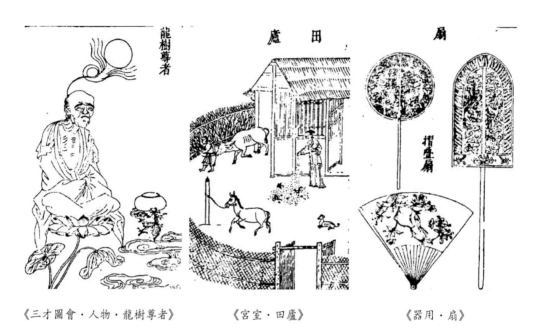

《三才圖會・人物・龍樹尊者》　　　《宮室・田廬》　　　《器用・扇》

　　「天文」四卷，分載日、月、星圖等。「地理」十六卷，按照輿圖、山水、景致、疆域、田制等次序排列。「人物」十五卷〔註73〕，先按照時代順序，分述世系、帝王、名人；次按照宗教、地域，分述釋道人物、域外人物。「時令」四卷，載時令、神位、星煞等內容。「宮室」四卷，按照建築功用之原則，分述普通、禮儀、祭祀、陽宅、陰宅等。「器用」十二卷，先按照質地，敘述青銅器、玉石器、金屬器等；次按照用途，細述樂舞、舟車、兵農、漁織及其他雜器。「身體」七卷，先敘臟腑諸器，次敘脈學、病癥、瘡癥，而以相術（面、足）爲殿。「衣服」三卷，敘述禮儀冠服、實用衣服。「人事」十卷，先載琴、棋、書、畫，次載兵、陣、樂、戲；頗合「一張一弛，文武之道」〔註74〕的思想。「儀制」八卷，按照序班、鹵簿、儀仗及諸禮之序排列。「珍寶」二卷，備載珍珠、玉器、石器、金屬器、歷代貨幣等。「文史」四卷，按照先經典、後詩詞之序編纂；而詩詞部分，除載回文詩、璇璣圖外，更全文收錄《詩餘圖譜》一書。「鳥獸」六卷，如卷首顧秉謙《序》、《凡例》所述，備載鳥、獸、蟲、魚等各種動物。「草木」十二卷，按照草、木、蔬、果、穀物、花卉之則，備載各式植物。

〔註73〕　其中卷八有二：卷「八」爲元明人像傳，卷「又八」爲明人像傳。
〔註74〕　《禮記・雜記下》，載《十三經注疏・禮記正義》，中華書局 1980 年，第 1568頁。

　　據明祁承爜《澹生堂藏書目》，書中「天文」、「地理」部分，皆曾獨立成書，傳行於世〔註 75〕。而「地理」部分，對歷史地理學、中國地圖史等，均產生重要影響。如《圖會》所載《順天皇城圖》，為明朝移都北京後之「略形圖」，前人多未注意。而王逸明先生《1609 中國古地圖集——〈三才圖會・地理卷〉導讀》曾單獨論述「地理」部分，不僅對「圖說」施以校點，還從中國地圖史角度加以評述，可參〔註 76〕，此不據引。「中國歷史地理文獻輯刊・類書類地理文獻集成」叢書中，亦將「地理」部分輯入〔註 77〕，但目錄中將「《圖會》」誤為「《圖繪》」，當加以更正。

　　「器用」部分，載日常生活中所用各類器物、用具，堪稱器物百科全書。「身體」七卷，敘述臟器、脈學、病癥等內容；「草木」前七卷，又細載各式草類，堪稱本草大全——二者圖文並茂，是中醫史之重要文獻。而「天文」、「時令」、「宮室」、「器用」、「衣服」、「儀制」等部分中，自物質實物，到意識精神；自靜態器物、服飾、設施，到動態儀式的流變，全面記述明代禮儀制度之全貌，價值尤大，值得重視。

第五節　《三才圖會》的價值與不足

　　《三才圖會》為明代經典插圖類書，具有多方面特色，現分述如下：

一、版畫插圖眾多，編纂精美，堪稱「圖譜」〔註 78〕類書經典範例

〔註 75〕祁氏《澹生堂藏書目・史部下》、《子部三》兩處，分別有「《地理圖會》，十四卷，二冊，王圻。見《三才考》」、「《天文圖會考》二卷，二冊，王圻」之載。參祁承爜：《澹生堂藏書目・史部下》，清宋氏漫堂鈔本。

〔註 76〕又，此書中，王圻生卒年（5、6 頁，原書頁碼，下同），出生地是否為松江府青浦縣江橋（5 頁），王思義是否為圻小兒子（5 頁），圻是否擔任陝西提學使（6 頁），《五侍御類稿》當為《王侍御類稿》（7 頁），圻是否有《元翰文集》一書（7 頁）等，似多有訛誤，此不俱舉。

〔註 77〕李勇先主編：《中國歷史地理文獻輯刊》，第八編，《類書類地理文獻集成・明代類書地理文獻（六）》部分，上海交通大學出版社 2009 年，第 45 冊，17～495 頁。

〔註 78〕參卷首陳繼儒《序》。又，四庫館臣曰：「明人圖譜之學，惟此《編》（引者案：即章潢《圖書編》）與王圻《三才圖會》，號為巨帙。」（永瑢等撰：《四庫全書總目・子部・類書類二・圖書編》，中華書局 1965 年，第 1156 頁）。清秦璜在《續通志》一書中，將《三才圖會》與章潢《圖書編》、宋高似孫《文選句圖》、明程明善《嘯餘譜》、張綖《詩餘圖譜》等並列，歸入《圖譜略》部分「學術・文辭」中（而「學術」類，細分為「統緒」、「性理」、「文辭」三

　　自《皇覽》成型，類書之體，真正登上歷史舞臺。唐宋時期，以《藝文
類聚》、《北堂書鈔》、《太平御覽》、《太平廣記》等作品為代表，「類書」發展
極其迅速，題材日趨多樣，類型更加廣泛。而明代類書編纂之多、門類之富、
體例之創新等方面，更為歷代所不及，使中國類書編纂，達到頂峰。《圖會》
正是在此背景下，應運而生。

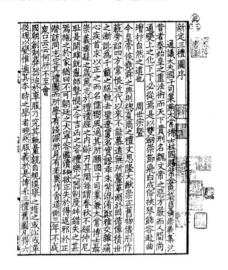

《新定三禮圖·序》書影

《新定三禮圖》書影

　　中國古代「圖」、「書」連稱，據此可見「圖」與「書」親密關係。大規
模版刻之前，插圖多為手工描摹；而其後，則開啟宋元明清版刻插圖輝煌時
代，明代後期尤為典範。其中，聶崇義《三禮圖》一書〔註79〕，堪稱宋代典

　　　目）。參氏著《續通志·圖譜略·學術》，卷一百六十五，清文淵閣四庫全書
　　　本。又參戚志芬：《中國古代的類書、政書、叢書》，商務印書館1996年，第
　　　84頁。王圻則將其稱為「圖史之學」。見氏撰《三才圖會引》，《王侍御類稿》，
　　　卷七，「四庫全書存目本」，集部140，第264頁（又載《三才圖會》卷首）。
　　　又，胡道靜先生將此種編錄體裁稱為「重視圖表」者，並以章潢《圖書編》
　　　為例。參氏著《類書的源流和作用》，載《中國古代典籍十講》，復旦大學出
　　　版社2004年，第70～71頁。又，夏南強先生亦強調其「圖譜文字」之屬性，
　　　參氏著《類書通論》，湖北人民出版社2001年，第47頁。又，鄧嗣禹先生將
　　　《三才圖會》歸入「博物門」，見氏編《燕京大學圖書館目錄初稿·類書之部》。
　　　轉引自劉葉秋《類書簡說》，上海古籍出版社1980年，第5頁。又，劉葉秋
　　　先生將書名誤寫為《三才圖繪》。夏南強先生以《圖書編》為例，將其歸入「專
　　　門性的類事類書」門類中（第47頁）。
〔註79〕此書載圖三百八十餘幅，十餘萬言。又，明人劉績纂《三禮圖》（四卷），但
　　　訛誤較多。

型圖譜類作品。江豐先生提到：「現存歷代插圖古籍有 4000 餘種，明本就占一半。」〔註80〕與此同時，類書亦順應潮流，「圖譜」類成爲類書重要門類。丁原基等先生曾提到：類書有圖者，似源於唐仲友《帝王經世圖譜》。而「圖譜」類書，則源於陳元靚《事林廣記》。自後《永樂大典》、《圖書編》、《三才圖會》及《古今圖書集成》等均延續此傳統〔註81〕。

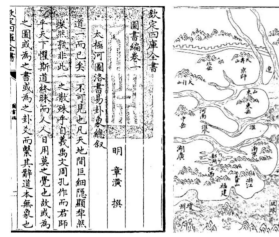

章潢《圖書編》（文淵閣四庫　　《圖書編·中國三大幹龍總覽　　《本朝差役圖》
全書本）　　　　　　　　　　之圖》

　　以上諸種圖譜類書中，《三才圖會》與章潢《圖書編》二書皆爲代表，而《圖會》堪稱「圖譜」類書之最，亦不爲過〔註82〕。章潢《圖書編》一書，共計一二七卷，是《三才圖會》同時代重要圖譜類書之一。此書收圖九四九幅，按照天、地、人原則，分類收錄政治、經濟、文化、地理、軍事、風俗等方面文獻。與《三才圖會》相比，此書側重於天、地與經、禮等方面，動植物方面幾未涉及，收圖亦少〔註83〕。

〔註80〕江豐：《武林插圖選集·代序》，載曹之：《中國古籍版本學》，武漢大學出版社 1992 年，第 366 頁。

〔註81〕參丁原基：《六十種類書·三才圖會》。又，丁先生《前言》中，誤將明人王圻列入宋人中。

〔註82〕趙含坤《中國類書》收錄章潢《圖書編》及王圻《續文獻通考》、《稗史彙編》、《古今考》等類書多種，獨漏《三才圖會》，尤可怪也。參氏著《中國類書》，河北人民出版社 2005 年，第 234～235 頁。

〔註83〕章氏《圖書編》一書，與《三才圖畫》，合稱雙璧，極其重要。筆者在整理兩部《三才圖會》時，對章氏作品一併整理，只是此書體量巨大，目前尚未見得合適出版機構。

二、插圖衆多，形式多樣，堪稱中國古代版畫精品傑作

　　《圖會》版畫數量巨大，形式多樣。經仔細統計，《圖會》共載各類圖表六一二五幅〔註84〕，相較清代陳夢雷等纂《古今圖書集成》的六四八二幅〔註85〕，僅少三五七幅。但相對《古今圖書集成》三十二典、六九一○部、一萬卷、一億六千萬字的海量篇幅而言，《圖會》僅十四部、一○七卷，約四百餘萬字。據此，《圖會》從圖文比例上看可以顯示「圖海」的特色。

　　《圖會》版畫類型、圖形、版式，複雜多樣，亦稱歷代版畫之最。具體而言，有長方圖者，如《象棋局面圖式》（「人事」卷一）。正方圖者，如《圍棋圖》（「人事」卷二）。餅圖者，如《授時圖》（「時令」卷一）。六邊形圖者，如《喜神方位圖》（「時令」卷四）、《榮衛相隨之圖》（「身體」卷二）。除此之外，尚有《〈孟子〉傳經圖》（「人物」卷「又八」）所代表之示意式，《本宗五服之圖》、《六臟圖》（皆「儀制」卷八）所代表之圖表式，《〈公羊傳〉傳經圖》、《〈禮〉傳經圖》（皆載「人物」卷「又八」）〔註86〕、《學書次第之圖》（「人事」卷四）所代表之譜牒式，《釋迦宗派授受圖略》（「人物」卷九）所代表之譜牒示意圖「糅合體式」等等。

　　又有一圖數頁、形如橫卷者。如兩頁之《二十八宿分野之圖》（「天文」卷三）、《道統總圖》（「人物」卷「又八」）、《在京納贖諸例圖》（「儀制」卷八），兩頁半之《漕運圖》（「地理」卷四）、《三元年方紫白定局》（「時令」卷二）、六頁之《長江圖》（「地理」卷四），等等。半葉數圖者。如《日月風雲氣色圖》（「天文」卷四），半葉載四圖；《堪輿諸圖》（「地理」卷十六），半葉十圖；《南北珠圖》（「珍寶」卷一），半頁有四十八小圖等等。

　　同一器物，配有多圖，以詳細表現其結構與特徵。例如有全部、局部之圖。如《瑎玉蚩尤環》（「器物」卷二）下有二圖，一爲局部特寫，一爲全圖。

〔註84〕 王逸明先生提到：「粗粗估算一下，《三才圖會》裏的插圖超過了3000張。」（《1609中國古地圖集──〈三才圖會・地理卷〉導讀》，第1頁）作者雖爲估算，與實際統計數量出入較大。李秋芳「全書共收圖約6000餘幅」、鞠明庫先生「是書收載圖譜6000多幅」，基本接近事實。參李秋芳：《〈三才圖會〉及其科技史價值》，《淮南師範學院學報》，2009年第1期；鞠明庫：《略論王圻的文獻學貢獻》，《江西圖書館學刊》，2007年第2期。

〔註85〕 參徐小蠻、王福康：《中國古代插圖史》，上海古籍出版社2007年，第199～200頁。

〔註86〕 《〈公羊傳〉傳經圖》、《〈禮〉傳經圖》皆爲筆者所加標題，原文無。又，準確來說，此兩圖爲蘇洵所立「垂珠體」世系表（簡稱爲「蘇式」）。

有正面、側面之圖。如《刀削首尾飾》（「器物」卷二）下二圖，一爲正面，一爲側面。有正背、內外之圖。如《騎兵旁牌》有正視、背視二圖，《燕尾牌式》（皆「器用」卷六）有內視、外視二圖。有全方位顯示之圖。如《銅虎符制》（「器物」卷二）下載五圖，分別爲左、右、正視之圖及俯視、仰視之圖。

圖文混版之式，有上圖下文者，如《日蝕圖》（「天文」卷四）。上文下圖者，如《拳法圖》（「人事」卷七）等。左文右圖者，如《霞帔》（「衣服」卷三），題字於圖上者。如《天地儀》（「天文」卷四）。題字於圖內者，如《氣候循環圖》（「時令」卷一）等等。

插圖內容豐富多樣，值得重視。具體而言，有諸種地圖、譜牒，如《山海輿地全圖》（「地理」卷一）、《順天京城圖》、《應天京城圖》（皆「地理」卷六）、《長江圖》（「地理」卷四）、《朝鮮國圖》、《琉球國圖》（皆「地理」卷十三）〔註87〕；有類似今日之「導遊圖」，如《華山圖》（「地理」卷八）、《西湖圖》、《會稽圖》（皆「地理」卷九）。有譜牒、世系圖，如《皇明帝系圖》（「人物」卷三）〔註88〕、《〈魯詩〉傳經圖》（「人物」卷「又八」）〔註89〕等等。

有工筆、寫意諸圖。工筆寫實之圖，如《鍾山圖》（「地理」卷六），描繪鍾山秀麗美景，圖中正門、侍衛，又眞實再現孝陵之莊重威嚴。《雨花臺圖》（「地理」卷六）、《虎丘山寺圖》（「地理」卷七）等圖，亦各有特色。「人事」、「鳥獸」、「草木」部分，所載《練兵圖》、《拳法圖》及各式動植物，皆如工筆畫作，傳神精緻，亦有特色。而水利（力）、勞作等圖，亦值得稱許。前者如《水閘圖》、《陂塘圖》〔註90〕（皆「地理」卷十六）及《水磨》、《翻車》（皆「器用」卷十）等，後者如《釣蟹鱔》（「器用」卷五）、《煮絮滑車》（「器用」卷九）、《堈碓》（「器用」卷十）等等。又有潑墨寫意、意境優美之圖，如《西

〔註87〕　《琉球國圖》（明朝初年，琉球國「歸附」）中，清楚標示「釣魚嶼」之名，即今之釣魚島。

〔註88〕　《皇明帝系圖》自朱元璋高祖（廟號「德祖」）始，至朱翊鈞（年號「萬曆」，後定廟號爲「神宗」）止。朱元璋高祖至元璋爲一圖，朱元璋（廟號「太祖」）至朱翊鈞雖占兩頁，仍定爲一圖。

〔註89〕　《〈魯詩〉傳經圖》借鑑家譜中「蘇式」之則，根據世系表之特點，自右至左，於書籍一頁中靈活佈置，很有特色。

〔註90〕　筆者寫作博士論文時，注意到湖南長沙走馬樓三國吳簡「波瀇」一詞，並引用四川成都天回山東漢崖墓出土之陶水塘，作形象例證。當時，亦曾參閱《天工開物》等書。現在看來，《三才圖會》所載《陂塘圖》堪稱典範例證，諸圖中，「陂塘」、「水塘」並列，二者區別，一目了然。

苑圖》（「地理」六卷），除細緻描繪太液池山水外，白鷺悠然飛過，頗有「一行白鷺上青天」之致。

三、採擷廣博，圖文並茂，堪稱晚明「百科全書」

通讀《三才圖會》一書，可瞭解當時社會知識結構、民俗文化、精神世界等多方面重要信息，價值巨大。

如「地理」十四、十五兩卷，備載先秦至宋歷代疆域圖，據此可見歷代疆域、行政區域分合變化情況，值得參閱〔註 91〕。又如「人物」九、十兩卷，分載釋道世系、人物像傳等，頗有趣味；而「人物」十二卷，備載明朝域外諸國圖像。其中，《女兒國》形裸體女子數人，并摹照井得子之形；《狗國》圖，則形人身狗首之狀。雖未必完全屬實，但據此可現明人眼中域外文化之印象。

又如「器用」卷三，備載各類樂器。其中，《腰鼓》之形與今日少數民族所用之形，基本相同。「器用」卷九、卷十部分，又載絲織業、棉織業、農業所用之器具、勞作場景等，可為全方位瞭解明代農業、手工業水平，提供重要參考。例如，書中所載農具中，「條帚」、「掃帚」、「籭」（又作「簛」、「簁」、「篩」（即今日農村所用之「篩」）、「拖杷」、「耬車」、「戽斗」（以上皆「器物」卷十）、「鋸」、「竹杷」、「杈」、「人字耙」、「木杴」（以上皆「器物」卷十一）等器，現代北方農村，仍有使用。

「身體」卷一至卷四部分，細載臟腑、經絡、脈象、病癥各圖，保留中醫諸多圖例，是中醫史重要文獻之一。活字印刷術是我國四大發明之一，「人事」卷四部分，不僅記載取字、刷印之法，更載《活字版韻輪圖》之樣，為吾等瞭解活字印刷，提供極好例證。又，《錢圖下・外國品》（「珍寶」卷二）備載大食、碎葉、東天竺、條支、拂林、泥婆羅、高麗、倭國、契丹等國錢幣，既存重要史料，又可廣見聞。

四、影響深遠，遠播海外，海內外多有收藏及仿作

清陳夢雷等纂《古今圖書集成》一書，多有採擷。其中，明倫、博物、理學、方輿、經濟等「彙編」中人事、藝術、山川、邊裔、神異、禽蟲、草木、

〔註 91〕譚其驤先生主編《中國歷史地圖集》（中國地圖出版社 1982 年）參閱楊守敬《歷代輿地圖》等較多，是否參閱《三才圖會》，存疑待考。

考工、曆法、歲功、禮儀、樂律、戎政、經籍各「典」，多直接照錄《圖會》原文、影寫《圖會》之圖。而其借鑑部分，則主要集中於《三才圖會》地理、人物、鳥獸、草木、身體、儀制、器用、衣服、人事、時令等部。經初步統計，《古今圖書集成》引介《三才圖會》圖文部分，約有近七百處〔註92〕。與《古今圖書集成》龐大篇幅相比，這些內容所占比例不算高，但亦可見《圖會》之重要地位。

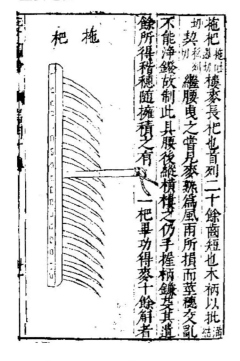

《三才圖會·拖杷》（器物卷十）　　　　　　《古今圖書集成》書影

〔註92〕又，日本學者大庭脩先生《江戶時代中國典籍流播日本之研究》一書亦曾提到：據立原杏所《見聞書目》（上冊）所述：「天文」第十九卷，「花木」第五十八至六十一卷，「藥草」第六十二至八十一卷，「龍魚」第八十二至八十三卷，「鳥獸」第八十四至九十二卷，「醫卜」第九十三、九十四卷，「奇門」第一百卷至百五卷，「堪輿」第一百一十三卷，「耕織」第一百一十四卷至一百一十九卷，「漁具」之地一百二十卷，「舟車」之一百二十一卷，「神異」第一百二十八卷至一百二十九卷，「博古」第一百三十卷至一百六十卷，多採自《圖會》。參〔日〕大庭脩著，戚印平等譯：《江戶時代中國典籍流播日本之研究》，杭州大學出版社1998年，第294～298頁。又，〔日〕立原杏所《見聞書目》在討論《圖會》、《古今圖書集成》編圖原則（《圖會》皆配圖說，而《古今圖書集成》則僅錄圖而無說）時，將《圖會》書名，誤為《圖繪》，暫無法確定立原杏所、大庭脩或譯者之中究屬何人致誤。

　　除此之外，《圖會》還遠播日本、朝鮮，並在日本流傳極廣。據日本《商舶載來書目》、《外船齎來書目》資料所載，日本寶永七年（公元 1710 年）、正德四年（公元 1714 年）、正德五年、亨保三年（公元 1718 年）等年份，皆有《圖會》至日或日人觀閱之記錄〔註 93〕。而部分目錄類著作，亦有《圖會》之載。如《二酉洞・雜部》〔註 94〕、《新井白石日記》、《舶來書籍大意書》〔註 95〕等書籍中，皆曾著錄此書。而特別值得一提的是：本書另一研究對象──《和漢三才圖會》一書，乃仿王圻《圖會》，用古代漢語而成。詳情請見下節內容。

　　《三才圖會》亦在朝鮮流傳。洪奭周《洪氏讀書錄・子部・說家》內，僅著錄類書兩部，其一即《圖會》。他還提到：「《三才圖會》，一百卷，皇明王圻之所作也……各為之圖，並繫說於其下。其包括既富，務博而不務精，其訛舛固已多矣。其圖又輾轉摹寫，愈失其眞。然古之君子左圖右書，後世知書而不知圖，若此書者，亦近世之所罕有也。」〔註 96〕而據《韓國所藏中國漢藏漢籍總目》所載，韓國奎章閣所藏多套《圖會》中，卷首僅周孔教、侯孔鶴二序，疑有闕佚〔註 97〕。

第六節　《三才圖會》的版本情況

　　《圖會》面世後，流播海內外，多種叢書加以收錄。除被收入「四庫全書・存目」之中〔註 98〕外，「續修四庫全書」〔註 99〕、「四庫全書存目叢

〔註 93〕　參嚴紹璗編著：《日藏善本漢籍書錄・子部・類書類》，中冊，中華書局 2007年，第 1056 頁；大庭脩著、戚印平等譯：《江戶時代中國典籍流播日本之研究》，第 100、213 頁。

〔註 94〕　一色時棟纂，元祿十二年刊。轉引自大庭脩撰《江戶時代中國典籍流播日本之研究》，第 142 頁。又大庭脩曾提到：「該書乃一色時棟為教育學生而編纂的類書目錄。」而據後文所述，該書分經、史、子、集、雜、續等六部，則不當為「類書目錄」。或原文有誤，或譯文有誤。存疑待考。

〔註 95〕　後兩部載《圖會》之著作，分別引自大庭脩《江戶時代中國典籍流播日本之研究》（第 213、409 頁）、嚴紹璗《日藏善本漢籍書錄・子部・類書類》（第 1056 頁）。

〔註 96〕　洪氏雖誤記此書卷數，但其評價，仍較中肯。參張伯偉編：《朝鮮時代書目叢刊・洪氏讀書錄》，第八冊，中華書局 2005 年，第 4306 頁。

〔註 97〕　案：著錄中將「侯孔鶴」誤為「孔鶴」。全寅初主編：《韓國所藏中國漢藏漢籍總目・子部・類書類》，四，學古房 2005 年，第 681～683 頁。

〔註 98〕　又參杜澤遜：《四庫存目標注・子部十五・類書類》，第四冊，上海古籍出版社 2007 年，第 2197～2198 頁。

〔註 99〕　「續修四庫全書」，第 1232～1236 冊。下簡稱「續修四庫本」。此本為上海圖書館藏萬曆三十七年刻本。

書」〔註100〕等亦曾收錄不同版本。台灣成文出版社〔註101〕、江蘇廣陵古籍刻印社〔註102〕、上海古籍出版社〔註103〕等，均曾據不同版本影印出版。另外，明祁承爜《澹生堂藏書目》、《四庫全書總目提要》、清丁丙《八千卷樓書目》、周中孚《鄭堂讀書記》〔註104〕等書中，亦有著錄。其版本情況，俞陽、孫永忠先生皆有論述。細而言之，明清時期，《圖會》有如下版本：

一、萬曆三十七年「王思義校正本」（即「四庫存目本」）

此本白口，單魚尾，左右單邊。版心依次鐫刻書名、卷次、頁碼〔註105〕。半葉九行，行二十二字〔註106〕；小字注文雙行，亦廿二字。

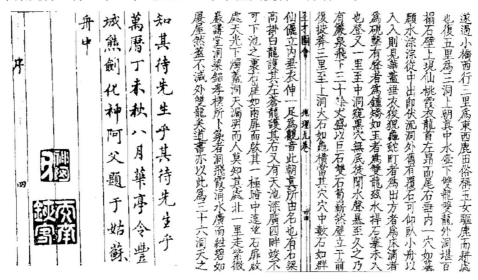

熊劍化《三才圖會序》　　　　　　《三才圖會·地理·金華山》

〔註100〕「四庫全書存目叢書」，子部第190～192冊。下簡稱「四庫存目本」。此本爲北京大學圖書館藏萬曆三十七年刻本。

〔註101〕成文出版社據「黃晟重校本」影印出版，1970年。下簡稱「成文本」。

〔註102〕《明刊三才圖會》，三函，二十四冊，1987年。下簡稱「廣陵影印本」。

〔註103〕1988年、2005年。下簡稱「上圖本」。據此本行款、版式、卷首諸文排列順序等來看，當與「續修四庫本」相同。

〔註104〕周中孚：《鄭堂讀書記·子部十一之下·類書三》，卷六十二，民國吳興叢書刻本。

〔註105〕卷首部分，周孔教《序》版心書名、卷次、頁碼齊全，陳、熊二序版心載卷次、頁碼，顧序版心僅存頁碼；版式不一之由，存疑待考。

〔註106〕卷一起首部分，載李庭對《天文圖序》，半葉八行，行十八字；「地理」起首部分，載唐國士《地理圖序》，半葉七行，行十六字。

卷首一卷，分載周孔教、顧秉謙、陳繼儒、熊劍化所撰《序》。顧秉謙《序》版心載「金陵吳雲軒刻」，唐國士《地理圖序》版心則載「秣陵陶國臣刻」。清戴熙《習苦齋畫絮‧橫幅》曰：「澄江煙翠。倣子久，吳裝。爲吳雲軒。」〔註107〕小字注文中，提到「吳雲軒」之名；是否同名，尚未可知。目前，尚未見陶國臣之名。「金陵」、「秣陵」之名，至少說明是書刻於今南京地區。

以「四庫存目本」所據版本爲例，此本具有如下特點：首先，此版卷首熊劍化所撰《序》值得重視。劍化，字神阿，江西豐城縣人。萬曆二十九年進士。初知廣東增城縣事。萬曆三十二年，以卓異調華亭。後任禮部主事、監察御史等職。著有《雲間集》、《塗說》等〔註108〕。熊《序》所撰時間，與圻文相同，皆爲萬曆三十五年（丁未）〔註109〕。據此，筆者懷疑此本當爲萬曆三十七年原刻本。

其次，此本有殘闕、顛倒及鈔本後補之跡〔註110〕。關於殘闕之處，如「人物卷五‧東漢名臣」有兩處殘損，約三十餘字無法辨識；「人物卷六‧李光弼」、「人物卷十一‧陳摶」部分，分別闕載五十、四十餘字〔註111〕；「人事卷四」部分，「盤和圖」後闕載「倦繡圖」、「擣衣圖」等四幅〔註112〕。關於顛倒之處，如「儀制卷七」與「卷八」顛倒排列，且版心中缺少「卷數」標示〔註113〕。關於後者，如「地理卷九‧金華山」中，「遂過小橋西行三里……此爲三十六洞天之一」一頁〔註114〕，筆跡不類前後文，似爲後抄補入者〔註115〕。

〔註107〕 參筆者點校本（未刊）。

〔註108〕 參明何三畏撰，何立民點校：《雲間志畧‧熊劍化》，上海古籍出版社 2011 年，第 202～203 頁；王顯曾纂、馮鼎高修：《（乾隆）華亭縣志‧職官下‧名宦傳‧熊劍化》，卷九，乾隆五十六年刻本。周文鳳纂、王家傑修：《（同治）增城縣志‧藝文志》，卷二十四，同治十二年刻本。

〔註109〕 圻文撰於「仲春」時節，熊文撰於「秋八月」。

〔註110〕 此本模糊不清之處較多，文字部分，如 190-91 頁下（爲標記方便，此處用「四庫存目本」頁碼，下同）、190-93、190-95 上、191-862 上等，圖版不清之處亦多，例多不俱舉。

〔註111〕 除此之外，「鳥獸卷五‧鱧」殘損，闕三十餘字；「衣服卷一」191～640 頁闕十餘字；「鳥獸卷五‧鯨」（192～451 頁）闕四字。

〔註112〕 第 191～779 頁。

〔註113〕 第 191～132 頁至 191～179 頁。

〔註114〕 第 190～340 頁。

〔註115〕 又，「人物卷十‧梓潼眞君」（第 190～789 頁）版刻字跡，亦與上下文不類，但未能確定是否爲補刻或後刻，存疑待考。其他有關情況，參《校勘記》。

整體來看，此本雖有補配、顚倒等方面不足，但字大如錢、版刻精良、插圖精美，爲《圖會》重要版本之一〔註116〕。

二、萬曆三十七年「王思義校正本」（即「上圖本」、「續修四庫本」）

此書上海圖書館、國家博物館、哈佛燕京圖書館〔註117〕等處皆有收藏。此本版框長二〇七毫米，寬一三八毫米，亦白口，單魚尾，左右單邊。版心依次鑴刻書名、卷次、頁碼〔註118〕。半葉九行，行二十二字〔註119〕；小字注文雙行，亦廿二字。

以上海圖書館所藏版本爲例，此本結構、版式與「四庫存目本」，略有差異：首先，卷首周孔教、顧秉謙、陳繼儒三《序》後，無熊劍化《序》，而載圻撰、孫婿侯孔鶴書之《〈三才圖會〉引》。孔鶴，字白仙，上海人。工詩畫，善草書，晚明書法家。著有《白村堂帖》〔註120〕。祖廷用、父堯封，皆有盛名〔註121〕。其次，此本正文部分首尾字體、版刻樣式完整，幾

〔註116〕又，以「四庫全書存目叢書」影印本爲例，此本影印時完全保留原貌，爲觀圖方便，部分内容去除版心。前者如第62頁（即「四庫全書存目叢書」影印本頁碼，下同）上右半頁，雖無文字，亦作保留。後者如「時令」、「宮室卷二」等部分（「時令」卷一至卷三，第191-8頁（四庫存目本頁碼，下同）至191-71頁；「宮室」卷二、三，第191-151頁至191-159頁；「器用卷四・船」，191-276頁），「曆相授時之圖」、「城圖」等百餘幅圖（「示意圖」或「表」），皆作如此處理，盡最大努力，保持圖版原樣，值得稱讚。

〔註117〕沈津主編：《美國哈佛大學哈佛燕京圖書館藏中文善本書志》，上海辭書出版社1999年，第440頁。

〔註118〕卷首部分，周孔教《序》、王圻《引》等文，版心書名、卷次、頁碼齊全，陳序載卷次、頁碼，顧序版心頁碼，版式不一，存疑待考。又，各部之中，間有「五百四十」（「地理」部分，卷一，第五頁）、「四百五十」（「身體」部分，卷三，第三頁）、「十七」（「衣服」部分，卷二，第十四頁）、「一百五十六」（「儀制」部分，卷七，第七頁）、「三百八十六」（「文史」部分，卷四，第五十三頁）等數碼，或爲本部之流水碼，亦或爲雕版時、隨手所刻數碼、以便分類整理等等，亦非版刻字數統計（參杜信孚：《明代版刻綜錄》，第一冊，卷首十八，圖八，廣陵古籍刻印社出版1983年），皆未可知，存疑待考。

〔註119〕卷一起首部分，載李庭對《天文圖序》，半葉八行，行十八字；「地理」起首部分，載唐國士《地理圖序》，半葉七行，行十六字。

〔註120〕參姚文枬纂、吳馨修：《（民國）上海縣續志・藝術補遺》，卷二十，民國七年鉛印本。

〔註121〕參韓浚修，張應武纂，何立民點校：《（萬曆）嘉定縣志・選舉考・封贈》，卷十，上海古籍出版社2012年。

無殘訛、補配、顛倒痕跡，是目前所見《圖會》最好版本〔註122〕。

王圻撰、侯孔鶴書《三才圖會引》　　　　　陳繼儒《三才圖會序》

最後，圻文撰於萬曆三十五年，其時《圖會》當基本定稿，交付手民刊刻。此文又錄入王思義輯校之《王侍御類稿》。據此，我們懷疑，原刻熊劍化《序》之版，可能由於損毀，而改將侯孔鶴書之《引》文補入。相較「四庫存目本」，此為後出轉精之本。

整體來看，此本版式清爽、字跡清晰、首尾完整、圖表精緻、校勘精審，當為目前所傳《三才圖會》最優版本。

三、明崇禎「王爾賓重校本」（即「廣陵影印本」）

此書上海圖書館、復旦大學圖書館、中國社科院圖書館及日本國會圖書館、東洋文庫、靜嘉堂文庫、加州大學伯克利分校東亞圖書館〔註123〕等處皆

〔註122〕以上海古籍出版社影印本為例，此影本又有諸多不足。如為節省篇幅，此影本多有拼版痕跡。如第92頁（上海古籍出版社影印本頁碼，下同）下右半頁「地與海本是圓形……」，本為93頁上「山海輿地全圖」說明之文，且與下右半「十里覺北極入低二度……」之文相接；如此拼接，雖仍保持原文完整，但易混淆且生歧義。與此性質相同者，尚有190-14左半、98頁下左半、102頁上左、106上左、109下左、117左上、223左下、253上左、1145上左等，例多不俱舉。拼版過程中，尚有訛誤。如「人事卷八・八陣圖」部分（第1723頁），示意圖標題出現於左半頁，兩半頁邊緣有「中」、「軍」二字，亦當為一體；「四庫存目本」（191-852頁）所載為是。當然，圖版拼接亦有版式醒目、閱讀便利者，如「文史卷三・璿璣圖」部分，此本將「璿璣圖」兩半部置於一頁，便於觀覽。

〔註123〕陳先行主編：《美國柏克萊加州大學東亞圖書館中文古籍善本書志》，上海古籍出版社2005年，第222～223頁。

有收藏。此本版式與「王思義校正本」完全相同，惟將原題「男思義校正」，改爲「曾孫爾賓重校」。

　　以復旦大學圖書館藏本〔註124〕爲例，略作說明。此版十四函〔註125〕，四十冊，版框長款爲二〇三毫米、一三五毫米，版式、行款、字體等方面亦與前所述「王思義校正本」相同〔註126〕。相較而言，此本圖表部分保存較好，但錯頁、訛脫部分較多。

　　「錯頁」部分，如卷首顧秉謙序中羼入《三才圖會引》之文；又如「地理」卷十二「滇池」部分，錯裝爲「西北諸夷圖」；何爾復《人物圖序》「形象之一也……則自王會始也」，上下頁錯亂；「人物」卷八「胡儼」圖傳部分，則羼入「人物」卷「又八」之「道統總圖」文字；「身體」卷六「黑疔」、「黃疔」等，被「骨槽風」、「鎖喉瘡」等圖文替代；「人事」卷九「大樂工用樂工六十四人……結子花靴」等，錯置於「大成殿雅樂奏曲」之後〔註127〕。「訛脫」部分，例如「地理」卷十四「徐州」文字闕載；又如「人物」卷十二載「暹羅國」、「匈奴國」圖，闕載其文；其他又如「器用」卷十一「喬扦」、「身體」卷二「經脈榮衛度數圖」以及「珍寶・錢圖」卷一之「咸通錢」、「天成錢」、「天福錢」、「周通錢」等〔註128〕，圖文部分皆闕。

　　總之，王重民先生「爲爭自己名，毀棄祖父故業，士習至此，國家安得不亡」〔註129〕之評，一語中的，值得注意。

〔註124〕案：復旦大學圖書館藏本雖標註爲「萬曆三十五年刊本」，但據版本所現「曾孫爾濱重較」字樣，此亦「王爾賓重校本」，非「萬曆三十五年刊本」，更非「萬曆三十七年刊本」。

〔註125〕每函首冊「書名頁」部分，均按照「第×函　××圖會　一至四卷」格式刻版、裝訂，如「第三函　人物圖會　一卷至十四卷」、「第十一函　珍寶圖會　一卷至二卷」、「第十四函　草木圖會　一卷至十二卷」等等。

〔註126〕卷首校注者部分，「天文」部分卷一、二、三、四，「地理」部分卷一、二、三、四、五、六、七、八、九、十一、十二、十四，人物卷一、二、三、四、五、六、七、八、十、十一、十三、十四等，皆爲挖改爲「曾孫爾賓較正」；而「儀制」卷一、二、三、四、五、七、八等，則皆作「雲間于門父王爾賓補集」。

〔註127〕其他如「珍寶」卷一「桃花石」、「太陰玄精」圖文，被替換爲「安息國錢」、「大月氏國錢」等，屬於同卷「錢圖」之內容，屬明顯錯訛。

〔註128〕其他如「鳥獸」卷五「肋魚」、「鱘魚」、「米魚」、「鯧魚」直至卷末部分，「鳥獸」卷六「青蛉、「蟶」，「草木」卷七之「茆質汗」，「草木」卷八「天仙藤」，「草木」卷十一「杏」，圖文皆闕載。

〔註129〕王重民撰：《中國善本書提要》，上海古籍出版社1983年，第380頁。

四、清康熙「黃晟重校本」（即「成文本」）〔註130〕

此版封面圖記中，版框上緣有「雲間王元翰先生纂輯」，版框三欄，左中右分別為「潭濱黃曉峰重校」、「類書三才圖會」、「內分十四集，槐蔭草堂藏板」〔註131〕。晟，字東曙，號曉峰，安徽歙縣潭渡人。晟校刻《太平廣記》、《詩經注》、《考古圖》、《至聖編年世紀》、《通志二十略》等圖書多種，與項絪、鮑廷博、江昉等齊名〔註132〕。

以上數版本，似當據相同祖版遞修、挖補而成，亦即復旦大學吳格先生「似據同一套雕版刊刻傳行於世」〔註133〕之義。

又，嚴紹璗先生《日藏漢籍善本書錄》中，曾著錄宮內廳書陵部所藏《圖會》，並著名為「明萬曆二十八年刊本」〔註134〕。如果屬實，則存世《圖會》版本中，當存有萬曆二十八年刊本。因條件所限，暫無法寓目，無法確定版本具體情況。存疑待考。

第七節　寺島良安與《和漢三才圖會》

《和漢三才圖會》〔註135〕，又名《倭漢三才圖會》、《倭漢三才圖會略》

〔註130〕 案：周中孚《鄭堂讀書記》（卷六十二《子部十一之下·類書三》）著錄者，即為此本。

〔註131〕 案：杜信孚先生誤將「槐蔭草堂」置於明代，且曰：「《三才圖會》，一百零六卷。明王圻撰，王思義續。明萬曆槐蔭草堂刊。」呂小川先生亦認同明代槐蔭草堂說。分見杜信孚纂輯：《明代版刻綜錄》，第六冊，第六卷，廣陵古籍刻印社 1983 年，第十頁；呂小川：《圖像證史——解讀〈三才圖會〉》，《泉州師範學院學報》，2012 年第 1 期。

〔註132〕 參許承堯纂、石國柱修：《（民國）歙縣志》，卷九《人物志·義行·黃晟》，卷十五《藝文志·書目》，卷十六《雜記·拾遺》，民國二十六年刊本。

〔註133〕 參俞陽：《〈三才圖會〉研究》，2003 年。

〔註134〕 嚴紹璗：《日藏善本漢籍書錄·子部·類書類》，中冊，第 1055 頁。

〔註135〕 日本寺島良安編，亦名《倭漢三才圖會》，日本正德三年杏林堂刊本。又，日本以「圖會」為名之作品，還有許多，代表作品還有：平瀨徹齋撰，長谷川光信畫《日本山海名物圖會》（河內屋森本太助 1797 年）；廣重畫《東京名所圖會》（淺野榮藏 1878 年）；岡田玉山《唐土名勝圖會》（河內屋吉兵衛 1805 年）等。又，日本隨筆大成刊行會編輯《日本圖會全集》（第 1～3 期，14 冊，日本隨筆大成刊行會 1928～1929 年；又，東京名著普及會 1975 年重新影印出版），共載如下圖書：第 1 期，第 1～4 卷，《江戶名所圖會》，卷之 1～7（齋藤幸雄編，長谷川雪旦畫）。第 5～6 卷，《東海道名所圖會》，卷之 1～6（蔀關月編）。《東都歲事記》，春—冬之部，附錄（齋藤幸成編）。第 2 期，第 1

〔註136〕，一○九卷，卷首一卷，八十一冊，日本寺島良安撰，為日本經典「圖譜」類書（或名圖解百科全書），堪稱日本的「圖海」。

寺島良安，字尚順，又號杏林堂。生卒年不詳，江戶中期醫生，日本大阪高津（又稱「浪速」、「浪華」）人。良安家門世代行醫，其本人更是著名醫學家和氣仲安（伯雄）的學生，還更擔任「準五位」「法橋」〔註137〕層階的醫官。良安除究心醫術、治病救人外，還醉心古代中日典籍，代表作有《和漢三才圖會》、《通世寶》等。

江戶中期的大阪，人口有近五十萬人，為日本三大都市之一〔註138〕。大阪為城堡城市，「因城堡並非領主的住地，武士相對較少，大部分是從事商業、銀行和手工藝的城鎮居民……主要為城市消費者生產實用物品，比如煮飯用的鍋罐，盛米的碗筷等，所以，大阪的文化發展帶有明顯的商業特點」〔註139〕。寺島良安生於斯，長於斯，雖幼承庭訓，潛心醫學，耳濡目染，必受濃厚商業氣息、寬鬆文化氛圍的影響〔註140〕，《和漢三才圖會》即在此背景下產生。

卷，《都名所圖會》，卷之 1-6（秋里舜福撰）。第 2 卷，《拾遺都名所圖會》，卷之 1-4（秋里舜福撰）。第 3 卷，《都林泉名勝圖會》，卷之 1-5（秋里籬島撰）。第 4 卷，《伊勢參宮名所圖會》，卷之 1-5，附錄（蔀關月撰）。第 5 卷，《嚴島圖會》，卷之 1-5（岡田清編）。第 6 卷，《嚴島寶物圖會》，卷之 1-5（岡田清編）。第 3 期，第 1 卷，《日光山志》，卷之 1-5（植田孟縉編）。《日本名山圖會》天、地、人（谷文晁）。第 2 卷，《日本山海名產圖會》，卷之 1-5（蔀關月畫）。《日本山海名物圖會》，卷之 1-5（平瀨徹齋撰，長谷川光信畫）。

〔註136〕參〔日〕石川英輔主編，久染健夫、宇井政子等合著，涪子譯：《大江戶八百八町》附錄《江戶袖珍小百科‧江戶時代主要書籍一覽表》，吉林出版集團 2011 年，第 397 頁。

〔註137〕寺島良安：《和漢三才圖會》，上冊，昭和四十五年，東京美術株式會社 1970 年，第 141 頁。

〔註138〕與天皇駐地京都、幕府開幕江戶，並為日本江戶時期三大都市。

〔註139〕〔美〕克里斯汀‧古斯撰，胡偉雄等譯：《日本江戶時期的藝術》，中國建築工業出版社 2008 年，第 127 頁。

〔註140〕江戶時期，有幸到達日本大阪的德國醫學家恩格伯‧特坎普法（Engelbert Kaempfer）曾提到：這個城市住著富裕的商人、技師和製造商，他們的生活奢侈無度。「都傾向於提倡奢華，滿足所有感官愉悅，在任何地方都是如此。由於這個原因，日本人把大阪稱作環球娛樂劇場。這也難怪，每天都有很多陌生人和旅遊者去那裡，主要是富人，他們把它看作為一個可以消磨時間和金錢的地方，這裡也許比帝國的其他地方更有滿足感」。參克里斯汀‧古斯：《日本江戶時期的藝術》，第 129 頁。引者案，江戶中期的大阪與民國時期的上海有相似、相通之處。參李歐梵撰，毛尖譯：《上海摩登：一種新都市文化在中國 1930～1945》，上海三聯書店 2008 年。

　　《和漢三才圖會》完成於日本正德二年〔註141〕（公元 1712 年，清康熙
五十一年），刊刻於正德三年，乃仿王圻《三才圖會》並用古代漢語編纂而成。

一、《和漢三才圖會》的主要內容

　　此書以《三才圖會》為藍本，按照天、人、地之序，統一編全書。卷一
至卷六為天部；卷七至卷五十四為人部；卷五十五至卷一〇五為地部。該書「書
名頁」有「法皇御所　叡覽」及駿州刺史越智正倚書名題簽。卷首部分，分
載藤原信篤、和氣伯雄二序，寺島良安所撰《自敘》與《凡例》。良安所撰《自
敘》詳細說明《和漢三才圖會》編纂之由、編纂過程及基本設想，非常重要。

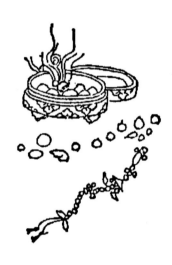

《和漢三才圖會》書名頁　　　　　　　《和漢三才圖會・介貝部・珍珠》

　　正文卷一至卷六「天部」，共計六卷，分別介紹日象、月象、星宿、氣象、
時令、節氣、曆法、占術等內容，多參考中國典籍而成。卷七至卷六十一「人
部」，共計四十八卷。卷七至卷十四，主要以職業、血親姻親、日本職官、經
脈、臟腑、域外人物圖傳為主，體例方面略顯雜亂。卷十五至卷三十六，主
要介紹衣食住行用等物質生活各類器具，遊戲、娛樂、藝文創作等各類項目。
卷三十七至卷五十四，主要記述東亞地區（中、日、朝鮮等國）鳥獸、牲畜、
魚蟲等方面具體信息。

〔註141〕參〔日〕樋口秀雄：《寺島良安與和〈漢三才圖會〉》，載《和漢三才圖會》
　　　　卷首，日本東京美術株式會社 1970 年。

卷五十五至正文末「地部」，共計五十五卷。其中，卷五十五至卷六十一全方面展示了東亞地區（中、日、朝鮮等國）土地、山脈、江河、礦物等方面具體信息。

北京圖（卷六十四）　　　　　　　　　納豆（卷一〇五）

卷六十二至卷八十，共計二十一卷，爲「中華地理」、「日本地理」部分。卷六十二、六十三爲「中華」部分，良安按照輿圖、四至、府縣、人物傳記、土產之序，全面展示明朝兩京（北京或北直隸、南京或南直隸）、十三省〔註142〕之地理、人文情況。卷六十四比較特殊，除簡介日本國史、歷代天皇及行政區劃外，將朝鮮、任那、琉球及中國視角下的西域、天竺、北狄、南蠻並列，並於卷末載佛教二十八祖及中土六祖。良安將中國單立，而將日本與朝鮮、琉球、中國域外並列，體現了當時日本人的天下觀念；而附載佛教諸祖人物，又顯不倫不類。卷六十五至卷八十，詳細、全面展示了日本令制國歷史地理、文化藝術、宗教思想等多方面信息，價值尤大。卷八十一至一〇二卷，將中、日、朝鮮等國的草木、果菜加以詳細介紹，并以李時珍《本草綱目》爲準，加以認真辨析、考證，價值亦大。卷一〇三至文末，良安先分門別類介紹穀、

〔註142〕寺島良安將其稱爲「十五省」：即北京、南京、山東、山西、河南、陝西、湖廣、江西、浙江、福建、廣東、廣西、貴州、四川、雲南。又，此書撰成於公元1712年，中國爲清康熙五十一年。清朝正式建立近六十年之際，關於中國部分之圖傳，良安仍以明朝爲參照對象（多稱之爲「大明」），而將清朝直接稱呼爲「清」、「康熙」等，亦標明江戶後期日本人對中華、明清之態度，值得認真探索。

麥、稻、豆各類農作物，并簡介醬、酒、粥、飯、糕、餅等各類食品製作信息，所載各圖，亦形象展示食品製作工藝與特色。

卷末爲總目錄及藤原宣通撰《後序》。其中，「總目錄」部分，寺島良安將書中條目，按照平假名的順序，全部羅列出來，并註明卷目，相當於中國古籍中的條目「索引」。

二、《和漢三才圖會》的特色與價值

《和漢三才圖會》爲日本著名圖譜類書，其特色與價值如下：

首先、《和漢三才圖會》擁有插圖（表格）三七〇四幅。版畫插圖，眉目清爽，線條流暢。古代類書中，此類體裁極少，王圻《三才圖會》與良安此書，并爲晚明時期、江戶時代版畫插圖圖書之冠。

其次、《和漢三才圖會》爲日本版畫藝術史提供新借鑒。此書以其插圖繁複，版式新穎，內容廣博，而在日本產生深遠影響力。《和漢三才圖會》所載版畫，涵蓋天象、輿圖、人像、器物、農業、軍事、花卉、動物等諸多內容，版式、類型多樣，工筆、寫意兼具，極有特色。而圖中衣著服飾、活動場景、民風民俗、各類器具、宗教場景等，則深具東瀛風格，值得認眞挖掘與探索。

《和漢三才圖會》婚嫁（卷十）　　偷盜（卷十）　　酒悖（卷十）

再次、此書爲日本江戶時代人物、民俗、文化各類百科知識之匯聚。如卷十一、十二載經絡、身體等內容，卷九十二至卷九十九則載各式本草，詳

細展現了十八世紀日本醫學、藥學發展之盛況。卷二十四至卷三十四，載衣、食、住、行、用等多領域之器具，堪稱十八世紀日本生活場景博物館，值得重視。

復次、東亞文化圈下日本古代物質史、精神史在此書有集中體現。《和漢三才圖會》既體現日本江戶時代市民生活、物質繁榮，又體現當時精神世界之豐裕、文化生活之富足。如卷十九「神祭附佛供具」部分，不僅細載佛教諸法器，更載日本神祭法器，是日本民俗、精神生活之重要體現。又如卷六十四至卷八十，詳載日本各地輿圖，寺島良安以「令制國—郡」之序，按照「郡縣名目—里程—神社—佛閣—令制國內郡里程—特產」體例，全方面展示各郡神社、宗教建築情況，而「神社」、「佛閣」條目下，還收錄有關宗師、人物、史實、傳說、風俗等信息，非常重要。

《和漢三才圖會》「窣堵婆」（卷十九）　　佛具（卷十九）　　猿樂太鼓（卷十九）

最後、此書全面展現「江戶漢學」巨大成就，堪稱中日文化交流盛況之縮影。日本江戶時期，漢學研究成果顯赫，盛況空前。此時期，日本漢學取得重大成就，除出現朱舜水、林道春、藤原惺窩、東條一堂、山鹿素行、伊藤仁齋等著名學者外，寺島良安模仿、創新之作《和漢三才圖會》，更是日本漢學研究典範成果。《和漢三才圖會》撰就後，又流傳回中國〔註143〕，並對中

〔註143〕華東師範大學圖書館即收藏此書。案：收藏著錄信息如下：《和漢三才圖會略》，一〇五卷，卷尾一卷，〔日〕法橋寺島良安。

國產生影響。如白化文先生曾提到，《和漢三才圖會》具有求實精神、備載索引內容、引書謹嚴、詳載醫學資料等多方面的優點，影響較大。

　　總體來看，此書借鑑《三才圖會》，蒐羅廣泛，編排合理，更新體例，取去精審，圖文並茂，收錄醫案，校勘細緻，注重比較，創新眾多，在日本廣為流傳，影響巨大，值得校勘整理後提供至學術界〔註144〕，以便參閱。

　　日本學術界除出版影印版〔註145〕及中近堂版（大阪，明治十七年至二十一年）、中外出版社版（明治三十四年至三十五年）鉛字排印本《和漢三才圖會》外，還出版島田勇雄等先生日語譯註本〔註146〕，不僅擴大《和漢三才圖會》影響力，還便於學術界吸收、借鑑及利用。而以《和漢三才圖會》所涉各學科為基礎編纂各類作品更多，如橫山一豐編注的《和漢三才圖會·經絡·肢體部》〔註147〕等堪稱代表。

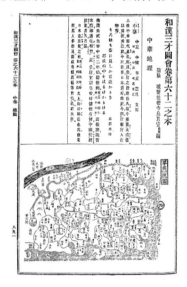

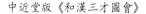

中近堂版《和漢三才圖會》　　　　横山一豐《和漢三才圖會·經絡·肢體部》書影

〔註144〕筆者以正德三年刊本為底本之校勘稿已經完成，擬由上海人民出版社出版，可參。

〔註145〕日本隨筆大成刊行會、吉川弘文館、東京美術等出版社皆有影印版面世，可參。

〔註146〕〔日〕島田勇雄、竹島淳夫、樋口元巳譯注：《和漢三才圖會》，十八卷，平凡社1990年。案：此書復旦大學歷史系資料室、上海外國語大學圖書館等有藏，皆非全本。其中，復旦大學藏本為日本神奈川大學小林美先生捐贈，僅存一、二、三、四、七、八、九、十四、十八等冊；而上海外國語大學圖書館僅藏十、十一、十二、十三、十六、十七等冊。

〔註147〕たにぐち書店2011年出版。

第二章　兩部《三才圖會》的百科知識與編輯特色（上）

第一節　《三才圖會・地理》的編纂特色

　　輿圖不僅在古代地理之學、國家治理之中具有重要地位，更是對現代地理學、歷史地理學等學科發展具有深遠影響。譚其驤先生曾提到：「地理之學，非圖不明。地圖對表述地理情況所起的作用，往往比地理著作更大。」〔註1〕可見輿圖的重要歷史地位。

　　《三才圖會》專列「地理」部分，備載大量輿圖，全方位展示了明代後期中華地理地貌、行政區劃的信息。《和漢三才圖會》除選載中國輿圖外，更是將幕府統治之下日本列島諸藩國地理山川情況詳細記錄，并畫圖存儲，對於復原江戶時代歷史場景、地理特徵、行政區劃具有非常重要的意義。本節主要論述《三才圖會》有關內容。

　　《三才圖會・地理》部分共十六卷，篇幅較大，圖版有八百餘幅。王氏按照輿圖、山水、景致、疆域、田制等次序編排成文。其中，「地理」卷一、二為《輿地全圖》、《華夷一統圖》等全圖及兩直隸、山東等兩府十三省輿圖。卷三至卷五，為邊鎮、河流、漕運、海疆及海運等內容。卷六至卷十二，備載兩京十三省山川、城市、景觀等內容。卷十三，以大明朝為中心，敘述「域外」東、西、南、北等方位其他民族、國家情況。卷十四比較複雜，除載神

〔註1〕譚其驤：《中國古代歷史地圖集序》，《文物》1987 年第 7 期。

話時代所謂「九州」、「五服」圖外，還將古代「九州」地區「疆域」與「貢賦道路」等方面畫圖保存。卷十五、卷十六主體是歷代疆域圖，田制、天地、水利設施及「堪輿」、「龍穴砂水」圖等殿後。

具體言之，《地理》部分具有如下特點：

一、「全圖」與「省圖」備載

《圖會》地理部分所載全圖，即：《山海輿地全圖》、《華夷一統圖》。其中，《山海輿地全圖》根據意大利耶穌會傳教士利瑪竇所繪橢圓形世界地圖改繪而成。此圖屬於第三類型摹本，即由橢圓形變爲近圓形。大明朝位於中間偏上位置；周邊其他民族以及高麗、日本、安南、西天竺皆載；北極、南極邊界清晰，亞、歐、非及南、北美洲皆齊備，大、小東西洋亦載。又如亞洲之琉球〔註2〕、新入匿〔註3〕、歐洲之佛敢察〔註4〕、大洋洲之鸚哥地〔註5〕等區域皆載，可供參考。

《三才圖會·山海輿地全圖》之東南亞與歐洲部分

《圖會》所載此《全圖》，與馮應京《月令廣義》所載〔註6〕基本相同，而微有差異〔註7〕。其差異之處主要在於圖中偏左位置兩個國家名。刊刻於

〔註2〕即今之沖繩。

〔註3〕即今之新幾內亞。

〔註4〕即今之法國。

〔註5〕似即今之澳大利亞。參李兆良：《中國發現澳洲──鸚哥地、厄蟆、火雞的啓示》，《海交史研究》，2012年第1期。

〔註6〕馮應京輯、戴任增釋：《月令廣義·圖說》，卷首，明萬曆陳邦泰刻本。又見《四庫全書存目叢書·史部·時令類》，第164冊，第543頁。

〔註7〕王逸明先生曰：「《三才圖會》這張圖（引者案，即《山海輿地全圖》）是從1602年出版的《月令廣義》中抄來的。」參氏撰《1609中國古地圖集》，第21頁。

萬曆三十五年的《三才圖會》注為「大明國」，東邊海域為「大明海」，而萬曆三十一年所刊的《月令廣義》則分別變成「大清國」、「大明海」；「新入匣」左側，《圖會》有「木爪哇」之名，《廣義》則無；相較《圖會》而言，《月令廣義》圖中「狗國」位置更靠北，且無「北極界」之「北」字。國名更改，非同小可，「木爪哇」亦非可有可無，其致異緣由尚不得而知。不過，王逸明先生提到《三才圖會》抄襲《月令廣義》，證據不充分，略顯武斷。王先生還曾提到：王圻《全圖》圖說與章潢《圖書編》所載《輿地山海全圖》圖說，均抄襲《月令廣義》圖說〔註 8〕。但馮氏《月令廣義》所載《全圖》圖說為古歙吳中明所撰，與《三才圖會》、《圖書編》皆不同，王先生所述亦有不確。

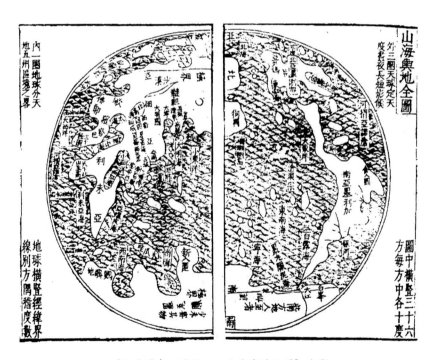

《三才圖會・地理一・山海輿地全圖》書影

〔註 8〕氏撰《1609 中國古地圖集》，第 21 頁。

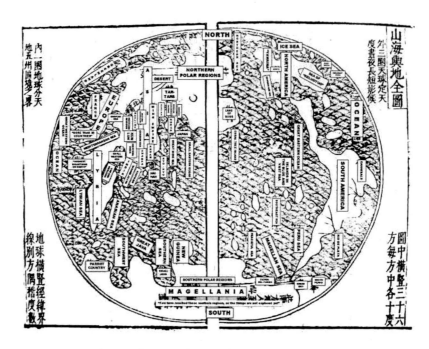

《三才圖會‧山海輿地全圖》地名翻譯圖〔註9〕

《月令廣義‧山海輿地全圖》

〔註 9〕Ptak, Roderich. "The Sino-European Map（*Shanhai yudi quantu*）in the Encyclopedia *Sancai Tuhui*.

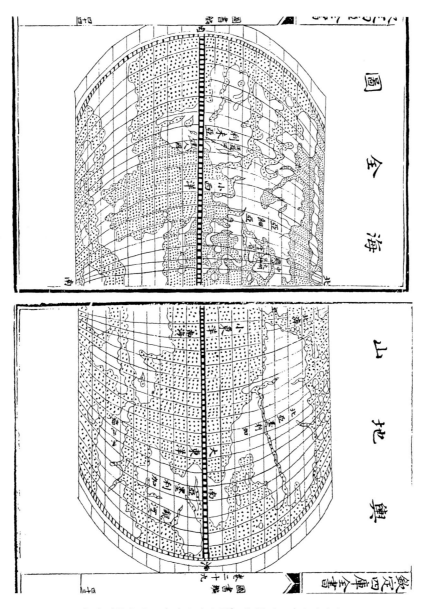

章潢《圖書編·輿地山海全圖》書影（四庫全書版）

　　《華夷一統圖》為《山海輿地全圖》的局部圖，即大明朝及附屬國總圖。
此圖說明部分，主要源自明張天復《皇輿考》及更早的《大明一統志》〔註10〕。
值得注意的是：此圖除遼東半島、山海關等地外，東北大部皆屬「化外」；北
部基本上以長城沿線及長城北部緩衝地帶為界；玉門關則屬西北部邊界，至

〔註10〕 王逸明：《1609 中國古地圖集》，第24頁。

於現在新疆之吐魯番、哈密等地，則如綠洲一般，孤懸邊境內外；西南部則以明代雲南、緬甸、孟浪等少數民族掌控之長官司爲邊界；東南沿海雖載安南等地名，當屬稱臣納貢之國，未載台灣之地，而有琉球、日本之名。

　　與章潢《圖書編》所載《四海華夷總圖》相比，《華夷一統圖》著重強調「一統」概念，因此其描摹區域僅限於十六世紀「中華文化圈」東亞行政區劃（省下府、州一級亦有體現）；而《四海華夷總圖》則強調「四海」、「總圖」概念，因此其區域則以大明朝爲中心（僅到省一級），擴展至整個亞洲、歐洲部分，需要加以注意。

《三才圖會・華夷一統圖》

　　下面，我們再來看看省圖部分。《三才圖會》共收入十五張省級地圖（即「兩京+十三省」），這些省圖似據元朱思本撰、明羅宏先等補《廣輿圖》摹刻而成，而圖說部分則抄自《皇輿考》〔註11〕。相較《廣輿圖》，《三才圖會》「省圖」部分，有關地圖三要素中，只保留山、海、湖、邊界、地名邊框等極少部分的圖例，而比例尺、完整圖例則全部刪除，且各省圖中訛誤之處頗多，殊感可惜。

〔註11〕王逸明：《1609 年中國古地圖集》，第 41 頁。

　　北直隸、南直隸屬於明朝「兩京」，既是京師之地，又爲龍興之區，地域重要，地位顯赫，因此置於省圖之首。以「北直隸」（即明朝首都北京）爲例，省情簡介冠首，以府、直隸州爲綱，以府下州縣、山脈、河川、湖泊爲目，擇要記錄里程、典故及山川源頭、走向等方面信息。「雲南」等邊疆省份，還著重敘述少數民族聚居的都司、長官司，以及邊境民族、行政區域歷代變遷、區域分合等方面情況。

《三才圖會・北直隸・保定府》書影　　　　《三才圖會・雲南》孟浪、騰衝地區

　　總體來看，《三才圖會》地理部分各地圖及圖說，採用由遠及近、由宏觀至微觀、由兩京至十三省的順序加以編纂、排列。而細緻考察其「兩京十三省」之序，則由腹心兩京區域，以長江爲界，先北、後南之序，擴展至普通省、邊疆省；採取「腹地—核心—普通—邊疆」之原則描寫各省，按照「華東→遼東→北部→中原→東南→兩湖四川→閩粵桂→雲貴」的順序，猶如螺旋、波紋形式，加以排列。

二、「邊鎮」與「海疆」並舉

此處所謂「邊鎮」即明代「九邊重鎮」，又稱「九邊」﹝註12﹞，為弘治年間在北部邊境沿長城防線，陸續設立的九個軍事重鎮（邊疆防衛區域），分別是遼東鎮、薊州鎮、宣府鎮、大同鎮、太原鎮（也稱山西鎮或三關鎮）、延綏鎮（也稱榆林鎮）、寧夏鎮、固原鎮（也稱陝西鎮）、甘肅鎮。自設立之日起，九邊重鎮為防禦北部韃靼、瓦剌等北方少數民族侵擾起到重要屏障作用，相關研究論著亦多，代表作有許論《九邊圖論》、魏煥《皇明九邊考》、鄭曉《九邊圖志》等，而《廣輿圖》、《圖書編》等作品中，亦載九邊圖傳。

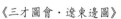
《三才圖會‧遼東邊圖》　　　　　　許論《九邊圖論‧九邊圖略》

《三才圖會》亦載九邊重鎮十圖，通過圖文互映形式，闡述九邊重鎮具體情況。其中，《九邊總圖》冠於首，全方位展示東北、北部、西北邊境防禦形式，而「圖說」部分，則主要引自明桂萼《四夷圖序》﹝註13﹞一文，而許

﹝註12﹞ 王綿厚先生認為「九邊」理解為「九個邊鎮所對應的九段長城」。轉引自王逸明：《1609年中國古地圖集》，第119頁。

﹝註13﹞ 陳子龍等編：《皇明經世文編‧四夷圖序》（卷一八二，桂萼《桂文襄公奏疏》）。

論《九邊總論》等作品亦有引述〔註 14〕。其他各邊鎮圖傳部分，以引述許論《九邊圖論》、勞堪《城塞說》、魏煥《皇明九邊考》等文爲主。

與「九邊重鎮」防禦北方民族侵擾類似，明代中國沿海地區倭寇與海盜橫行多年，因此《三才圖會》載《九邊重鎮》圖說的同時，又載東南沿海疆域海防圖傳。王氏根據所屬省份，將沿海劃分爲廣東、福建、浙江、南直隸、山東、遼東六區域，共載海圖三十九幅，全部摹刻自鄭若曾《籌海圖編》〔註 15〕。

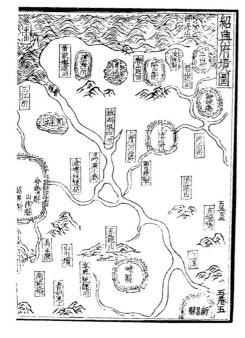

明嘉靖刻本《籌海圖編・紹興府境圖》　　　范惟一《籌海圖編・序》書影

以浙江沿海爲例，載《浙江沿海總圖》一幅，溫州、台州、寧波、紹興、杭州、嘉興六府《府境圖》各一，著重突出沿海形勢，以及府治、屬縣、山川、湖泊等方面信息。值得注意的是：一幅總圖與六幅分圖皆爲連圖，單立

〔註14〕許論《九邊圖論・九邊總論》（明天啓年間兵垣四編本）、魏煥《皇明九邊考・經略總考》（明嘉靖刻本）亦曾引《輿圖要覽》之文爲證。除此之外，陶承慶《文武諸司衙門官制・九邊總圖敍》（卷一，明萬曆刻本）、明陳全之《蓬窗日錄・貴州》（卷一，明嘉靖四十四年刻本）亦載此文，可參。

〔註15〕又，據明嘉靖四十一年胡宗憲刊本鄭若曾《籌海圖編》（筆者所參者，爲《中國兵書集成》第十六冊所載之《籌海圖編》，解放軍出版社、遼瀋書社 1990年，第 375～389 頁），所載沿海各圖，清晰程度勝於《三才圖會》，可參。

時爲總圖與各府分圖之間的關係；而前後連接在一起，則爲一張大圖〔註16〕，宏觀、微觀相結合，全方位展示浙省沿海形勢及沿海府縣疆域情況。另外，圖說、圖注部分，則載鄭若曾所撰《浙洋守禦論》〔註17〕及《舟山論》等作品。

三、「山川」與「景觀」爲主

卷六至卷十二皆爲中國山川、景觀的圖傳，約略估計佔《三才圖會》「地理部」接近一半的篇幅，值得重視。整體觀之，除卷六所載順天「眾水圖」性質特殊、暫且不論之外，七卷中共計收錄「兩京十三省」二一六處景觀名勝。近二百處山川景觀、名勝古跡中，有天然形成之山川、湖泊、洲渚、洞穴、峽谷，如泰山、黃山、太湖、西湖、白鷺洲、金牛峽、仙女洞、養龍坑、桃源洞、金牛峽、三峽等；有人工完成或有人類足跡之城池、河海、景觀、關隘、棧道、苑囿、橋樑、陵墓、亭臺、樓觀、祠堂、寺廟，如金陵、襄陽、南海子、石頭城、闕里、居庸關、棧道、西苑、輞川別業、盧溝橋、孔林、鍾山、寄寄亭、雨花臺、銅雀臺、煙雨樓、瓊花觀、滕王閣、南嶽寺等。

如從各省角度分析的話，北、南兩京地區分別有十三處、五十處入選，浙江省則有二十二處，貴州省記載最少，僅有養龍坑、三一溪兩處自然景觀入選。

我們以南直隸爲例，略作分析。明朝時期，南直隸爲龍興、定鼎之地，加之自然風景秀麗，地形地貌多樣，經濟貿易繁榮，人文薈萃，古跡景觀眾多，人文鼎盛，在十五個省級行政區劃中數量最多（約佔四分之一）、類型最爲豐富（如下表所示）。其中，「自然遺產」〔註18〕有三十一項，山川、湖泊、洲渚、洞穴等各種地形皆具，因長江中下游地理位置所限，未出現「峽谷」。同樣，因地域所限，山峰自然遺產等皆無五嶽、黃山、峨眉山的名望與地位；河川僅爲域內長江之支流。湖泊、潭溪較多，著名者即太湖、巢湖等。「文化遺產」數量爲十九處，數量雖少，但影響力較大。「鍾山」爲孝陵，即開國皇

〔註16〕此與許論之《九邊圖論》所載總圖、分圖性質相同，值得注意。

〔註17〕引自氏撰《鄭開陽雜著・萬里海防圖論上》（清文淵閣四庫全書本）。

〔註18〕此處僅借用聯合國教科文組織《保護世界文化和自然遺產公約》（Convention Concerning the Protection of the World Cultural and Natural Heritage）「自然遺產」之名，本文所指含義仍有不同。明代後期《三才圖會》所載「自然遺產」分類與標準，與當下差異較大，務必注意。

帝朱元璋及皇后馬氏合葬陵墓，屬於文化遺產，無任何異議；其他亭臺樓觀等與此相似。金陵、石頭城、留侯城不僅屬於文化遺產，嚴格意義上講，當屬於「文化景觀」類型。

南直隸景觀名勝分類統計表

景觀類目	景觀細目	名　稱	備註
山川河湖自然遺產	山峰	牛首山、茅山、八公山、朐山、浮渡山、潛山、小孤山〔註19〕、瑯邪山〔註20〕、太平山、支硎山、窮龍山、洞庭山、馬鞍山、虞山、雲間九峰、嘉樹林、惠山、蛟山、京口三山	
	河川	吳淞江、三泖	
	湖泊	後湖、巢湖、天池、太湖、玉女潭	
	洲渚	白鷺洲	
	洞穴	華陽洞、張公洞、大洞、善卷洞	
	峽谷	——	
人文景觀名勝	城池	三吳、應天、金陵	
	景觀	石頭城、吳門、留侯城	
	關隘	——	
	苑囿	燕子磯	
	丘陵	虎丘	
	橋樑	——	
	陵墓	鍾山、玄墓	
古跡	亭臺	雨花臺、鳳凰臺、歌鳳臺、戲馬臺、姑蘇臺、寄寄亭	
	樓觀	觀音閣、瓊花觀	
	寺廟	南嶽寺	

　　浙江省是另一景觀古跡薈萃之處（如下表所示），我們亦作簡單分析。《三才圖會》共載浙江省各類景觀古跡二十二處。其中，自然遺產數量最多，共有十七處，這與浙江省地形特徵與區域特點緊密相連。山峰部分，浙省境內山系山脈，幾乎網羅始盡。禹穴、石門等亦屬會稽、青田境內山嶽之一部。川湖部分，浙省母親河錢塘江、江南明珠西湖皆有詳細記錄。而「台中總圖」

〔註19〕卷首目錄作「小姑山」。
〔註20〕卷首目錄作「瑯琊山」。

亦以展示山脈爲主，湖海爲輔。文化遺產僅有五處，且類型單一。其中，「會稽」既展示古城風貌，與文化景觀、歷史街區類似，又指紹興府境內景觀名勝匯總，其全方位展示會稽地區自然景觀與人文名勝古跡，與當下世界遺產研究學界常用之「自然保護區」或「國家公園」等概念相近，值得注意。

浙江省景觀名勝分類統計表

景觀類目	景觀細目	名　稱	備　註
山川 河湖 自然 遺產	山峰	大滌山、天目山、金華山、爛柯山、三衢山、仙都山、東山、招寶山、補陀山、天台山、雁宕、南燕宕	「台中」爲浙中地區山川總圖，屬於自然遺產，無法歸入以上門類中。
	河川	錢塘江	
	湖泊	西湖	
	洲渚	——	
	洞穴	禹穴	
	峽谷	石門	
人文 景觀 名勝 古跡	城池	會稽	「會稽」較爲特殊，既屬於「城池」類景觀，又屬於自然保護區類型。
	景觀	——	
	關隘	——	
	苑囿	雪竇	
	丘陵	——	
	橋樑	——	
	陵墓	——	
	亭臺	釣臺	
	樓觀	煙雨樓	
	寺廟	江心寺	

四、「境內」爲主，「域外」爲輔

　　《三才圖會・地理》之卷一至卷十二部分，王圻花費大量筆墨，從京省情況、邊鎮海疆、河川漕運、山脈古跡等多個角度，記載大明朝歷史地理情況。

　　與此同時，《三才圖會》還用一卷篇幅介紹明朝周邊民族、國家情況。王圻以明朝疆域爲基準，按照東、西、南、北及東南、西南、東北、西北之序，將周邊重要或與中國有某種關係之國家，加以引介。東夷爲朝鮮、日本兩國；

西夷爲西番、撒馬兒罕、亦力把力、天方等十一國；南夷爲安南一國；北夷
部分圖版爲《朔漠圖》，載韃靼、兀良哈、鬼國等九國。

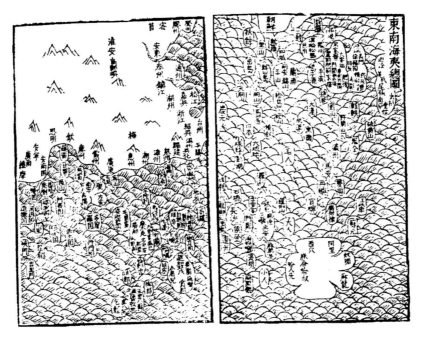

《三才圖會·東南海夷總圖》

　　東南諸夷方面，載《東南海夷總圖》及《琉球國圖》，圖傳僅有琉球、蘇
祿、彭亨、古麻剌、忽魯忽恩等五國；西南夷載緬國、占城、榜葛剌等四十
三國。東北夷情況有些特殊，其傳記部分僅有「女直」、「建州女直」兩地，
而所載《東北夷諸圖》中，以長城爲限，右部用方框標出女直、朝鮮兩「國」
位置與信息，左下角標出「韃靼」國信息，兀良哈用半橢圓形標示，「兀良哈」
左側爲泰寧、朵顏、福餘，是著名的「朵顏三衛」。一般認爲，兀良哈與朵顏
當指一處，此圖爲何分列兩處，當再考察。圖表上側橢圓形框內「撒只」、「兀
魯」等，當爲明朝所設衛所或驛站之名；而菱形框內「福山」、「上口河」、「雙
城」、「建州」、「塔山」等，皆爲衛所之名〔註21〕。之所以採用如此方式標註，
可能源於東北極邊地區，勘察、測量實屬不易，無法用準確比例尺、方位標
示，因此採用這種方法。

〔註21〕　參楊暘：《明代東北疆域研究》，吉林人民出版社 2008 年；黎敬文：《明代東
　　　　北疆域考》，見《考古學報》，1976 年 1 期；李健才：《明代東北驛站考》，《社
　　　　會科學戰線》，1981 年第 2 期。

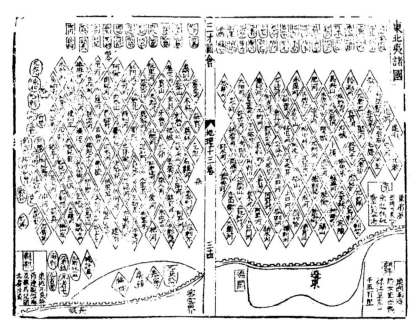

《三才圖會・東北諸夷圖》

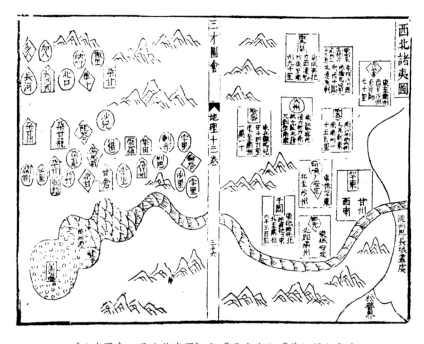

《三才圖會・西北諸夷圖》之「星宿海」、「黃河源」部分

　　西北諸夷部分，除載《圖》外，共載哈密、火州、赤斤蒙古衛等十一地之名，另有哈烈、哈三、哈失哈爾等三十九地，無法確認確切地點，「大抵皆

爲西域小國」〔註 22〕。而《西北諸夷圖》所載「星宿海」、「黃河源」即黃河上游走勢等線索，可與地理四卷所載《黃河源圖》〔註 23〕及傳文部分之《河源說》相比較。

《三才圖會·黃河源圖》（局部）　　　　　　　　《三才圖會·河源說》

　　這些國家或民族，又分成四類情況：第一種爲明朝行政區劃，中央給予印信，由當地少數民族首領或酋長管理，如東北地區「建州女直」、「海西女直」與「奴兒干都司」、西北地區「西番」與「烏斯藏」、「朵甘衛」、「隴答衛」等指揮司等；第二種爲藩屬國，尊奉明朝爲宗主國，定期朝拜納貢，順便領回價值不菲的禮物，如緬國、西番、撒馬兒罕、兀良哈等；第三種爲對明朝叛附無常之國，如韃靼、安南等；第四種深受中國影響，但既不稱臣，又不納貢，與明朝幾乎處於平等地位者，如日本、三佛齊、爪哇等。

〔註22〕　王圻：《三才圖會·地理·西北諸夷》，「地理」卷十三，上海古籍出版社 1988年，第 425 頁。

〔註23〕　王圻：《三才圖會·地理·黃河》，「地理」卷四，上海古籍出版社 1988 年，第 180 頁。

　　關於圖傳部分記述體例，我們略作介紹。以朝鮮為例，除載《朝鮮國圖》外，王圻主要引用葉向高《朝鮮考》〔註24〕、鄭開陽《朝鮮考》〔註25〕之文，作為朝鮮簡介。後又載朴淵、五冠山、氷山、浦口山、叢石亭、嶺南樓等山川、亭臺樓閣等〔註26〕。又如「琉球」部分，此國圖傳部分，略分數個組成部分，首先介紹方位「福建泉州東」，其次介紹與中國歷代交往情況（漢魏以來，不通朝貢），再次詳述歸附、納貢及中原王朝賞賜情況（國朝，首先歸附，率子弟來朝。太祖嘉其忠順，賜符印、章服，及閩人之善操舟者三十六姓，又許其遣子及陪臣之子來學於國學），復次敘述國家分合情況（分其國為三：曰中山王，曰山南王，曰山北王。自後惟中山王朝貢不絕，其二王俱為所併），最後敘述貿易即交往情況（厥貢方物，率市諸國，本國無所有）。

《三才圖會・琉球國圖》　　　　　　　　　《三才圖會・琉球》

〔註24〕 葉向高：《蒼霞草・朝鮮考》，卷十九，明萬曆刻本。

〔註25〕 載鄭若曾：《鄭開陽雜著・朝鮮考》（卷五，清文淵閣四庫全書本）。又，李賢《明一統志・外夷・朝鮮國》（卷八十九，清文淵閣四庫全書本）亦有近似表述。陸應陽《廣輿記・外譯・朝鮮國》（卷二十四，清康熙刻本），則載「朝鮮，本箕子所封……西北曰平安，本朝鮮故地」之文。章潢《圖書編・朝鮮國》（卷五十，清文淵閣四庫全書本）載此全文，是否抄襲王圻此書，或者另有所本，暫不能確定。

〔註26〕 此部分內容，可能節引自明佚名編《朝鮮志・山川》與《樓臺》部分（卷下，清劉氏嘉蔭簃鈔本），存疑待考。

五、「城市圖」、「疆域圖」等深有特色

　　《三才圖會・地理》中收錄多種城市（或類城市）地圖〔註27〕，最有特色的有如下數種：《順天京城圖》、《應天京城圖》、《闕里形勝總圖》（即山東曲阜）、《廣州府境圖》、《廣州府境圖》、「廣寧右屯衛」〔註28〕等。我們以其中幾幅為代表，略作闡釋。

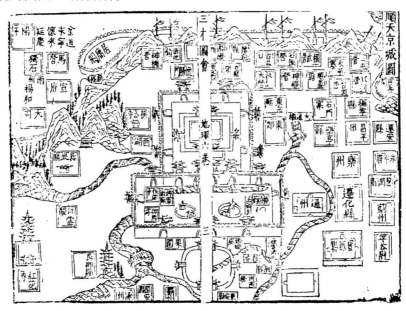

《三才圖會・順天京城圖》

　　首先，我們先分析一下《順天京城圖》。王逸明先生說：「《順天京城圖》是我們這次整理《三才圖會》地理卷的一大收穫，雖然這個圖屬於略形圖，但卻是表現同樣範圍的較早的一張圖，所以很重要。」〔註29〕仔細觀察此圖，其中線位置正好就是明朝首都北京城長達 7.5 公里的中軸線，此軸線以「外城」南門永定門為起點，經過「內城」南門正陽門、皇城大明門等直達而北。中間偏上、外圍有城牆圖例的方框是「京城」，中間偏下、亦有城牆圖例之長方形框為「外城」。「京城」四方並有城門九座，其北方兩門，已經標出名目：即德勝門、安定門；其與「外城」相接處（即正南方），自左至右三城門分別為宣武門、正陽門、崇文門，京城共分三層，內兩層所示，即「皇城」、「宮城」。

〔註27〕王逸明先生稱之為「略形圖」（繹史圖）。
〔註28〕案，此「廣寧右屯衛」圖為「遼陽」沿海地區之一軍事要塞（屯衛）。參王圻《三才圖會・遼陽沿海總圖》，第214頁。
〔註29〕氏撰：《1609中國古地圖集》，第48頁。

「外城」有城門七，與京城相連接處，除宣武、正陽、崇文三門暫不計入之外，交界線左右還有兩門，即西便門、東便門；「外城」左右方分別是廣寧門、廣渠門。「外城」內部，除直接標示的「抽分廠」、「兵馬司」、「將軍教廠」及「法藏寺」、「報國寺」外，正中壇廟圖例自左至右分別是先農壇、天壇。北京城外圍通州、良鄉縣、東安縣等郊縣，古北口、神機營、居庸關等京城衛戍兵營等，均已列出。而其比例尺特點則是：越向外，比例尺越小，值得注意。

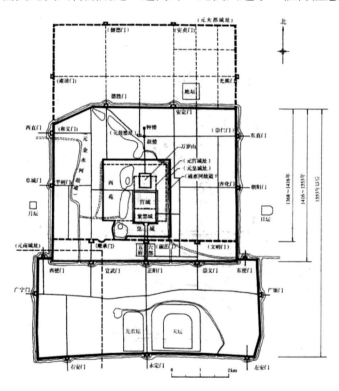

《元明二代北京城發展示意圖》〔註30〕

其次，我們再簡單看一下《應天京城圖》。如下引圖所示，應天京城與順天京城有固定中軸線及完整內城、外城不同，其皇城偏居城東一隅，非常注重風水，因地制宜，在南朝、南唐城址基礎上，加以擴建，向東擴建皇城，向北擴展，形成明應天城格局。同時，沿著湖山自然走勢築城，將雞鳴山、獅子山、鍾山、富貴山等山脈制高點全部納入城中，把後湖（即玄武湖）等作為護城河，依山傍水，築城一個葫蘆形城市。又，據圖所示，應天京城十

〔註30〕此圖採自潘谷西主編：《中國建築史》，第五版，中國建築工業出版社2004年，第68頁。

三城門皆載，即圖下側偏左之「聚寶門」（即今之中華門）開始，沿著城垣並按照順時針，依次為三山、石城、清涼、定淮、儀鳳、鍾阜、金川、神策、太平、朝陽、正陽、通濟，而「石城門」、「清涼門」之間區域，即六朝石頭城之所在。除湖山、城門外，此圖長安橋、來賓橋、鎮淮橋、大中橋、中和橋、上方橋等皆著錄詳細位置，可與當下南京地名參校。

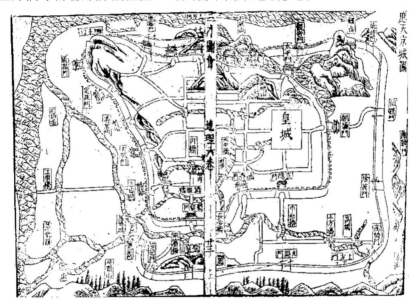

《三才圖會·應天京城圖》

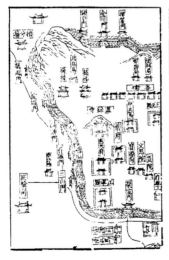
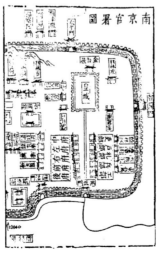

《三才圖會·宮室·南京官署圖》　　　　《地理人子須知·金陵圖》

又如《廣州府境圖》，此圖爲廣州府全境略圖，而其中廣州城市部分有詳細標註（見下圖中間）。據此圖，城垣呈不規則方形，方形內分別標示左右前衛、貢院、都司、布政司、斷事司、番禺縣等政府衙門，及府學、番禺學等學官機構，而城隍廟、光孝寺、玄妙觀等祠廟建築，亦標註大略位置，值得參考。

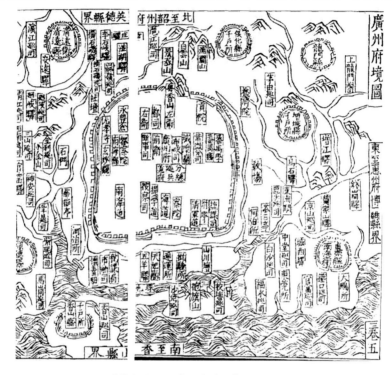

《籌海圖編·廣州府境圖》〔註31〕

《三才圖會》共載疆域略形圖三十五幅，其多源自宋人稅安禮之《歷代地理指掌圖》〔註32〕，其時代起自春秋，迄於宋代。春秋圖二，即《春秋列國之圖》、《十五國風地理之圖》；戰國圖一，秦圖一，秦末西漢圖四，即《劉項中分圖》、《西漢郡國圖》、《漢異姓八王圖》、《漢吳楚七國圖》；東漢圖一，三國圖一，西晉圖一、東晉圖一、南朝宋齊梁陳各圖一，北朝北魏、北周圖二，隋圖一；唐圖五，即《唐十道圖》、《唐十五採訪使圖》、《唐郡名圖》、《李唐藩鎮疆界圖》、《唐一行山河兩戒圖》；五代十國圖五；宋圖四；《天象分野圖》殿後。

〔註31〕 因《三才圖會》直接引用《籌海圖編》，因此此處載《籌海圖編》之圖。見氏撰
　　　　《籌海圖編》，中國兵書集成本，遼瀋書社、解放軍出版社1990年，第289頁。
〔註32〕 參王逸明：《1609年中國古地圖集》，第11頁。

依次觀察各圖，值得注意的是：今日山東半島地形有明顯變化；北部、西北部大致以戰國、秦代長城爲界，有不同歸屬；西北部、西南部少數民族政權多有分合，圖中亦有體現；現在與緬甸、越南等過相鄰的邊境地區，中國歷代王朝統分情況，亦有較大差異；今日海南島皆有體現，而台灣島則從未出現。清人馬徵麟《歷代地理沿革圖》、楊守敬《歷代輿地沿革圖》等，亦有參校。

六、風水諸圖殿後

　　風水，又名「青烏」、「堪輿」，最初是一門與地理有關的學問。又分陰宅、陽宅風水，風水方面的代表作有郭璞《葬經》、蕭克《地理正宗》、徐善繼《地理人子須知》、葉九升《地理大成》等。筆者的老師蔡達峰教授師從同濟大學陳從周先生，研習古代堪輿術，曾著有《歷史上的風水術》、《堪輿》〔註33〕等作品，是改革開放以來較早從事堪輿風水科學研究的作品。

　　如果參照現代學科門類的分類體系，堪輿、風水等插入至「地理」之內略顯不倫不類，但其皆屬於古代中國「地理」的範疇，因此《三才圖會》地理卷十六附「堪輿」等內容，亦順理成章。

　　《三才圖會》「堪輿」部分，載《堪輿諸圖》、《龍穴砂水圖》、《乘風界水圖》、《穴法圖》及《中國三大幹圖》等圖，《總論中國之山》、《總論中國之山水》兩文殿後，以上內容多參徐善繼、徐善述《地理人子須知》〔註34〕等作品。而《地理人子須知》是中國古代著名的風水術作品，共載圖三百餘幅，其經典圖版《三才圖會》皆已引用。

〔註33〕前者由上海科學技術出版社 1994 年出版；後者由香港中華書局 1997 年出版。吾師研習古建築園林多年，因此其堪輿研究多自建築學、中國古建築史、園林史角度入手。另外，華中師範大學王玉德先生有《古代風水術注評》（北京師範大學出版社 1992 年）、《神秘的風水：傳統相地術研究》（廣西人民出版社 2009 年）、《堪輿術研究》（中央編譯出版社 2010 年）等作品，亦可參考。與吾師不同，王先生之研究，多自歷史文獻學、傳統文化角度入手。

〔註34〕此書亦簡稱《人子須知》（三十五卷，十六冊，徐善繼等編。載祁承爜《澹生堂藏書目》，子部三，清宋氏漫堂鈔本），又名《人子須知地理統宗圖說》（二十一冊。載朱睦㮮《萬卷堂書目》，卷四，清光緒至民國間觀古堂書目叢刊本）、《人子須知地理心學統宗》（刊本殘，徐善繼、徐善述同著。載清范邦甸《天一閣書目》，卷三之一，子部）、《重刊人子須知資孝地理心學統宗》（八卷，明徐善繼、徐善述撰，明隆慶三年刻、萬曆十一年梅墅石渠閣補刻。載「故宮珍本叢刊·術數·相宅相墓」第 411 冊，海南出版社 2000 年）、《人子須知資孝書》（三十九卷，明徐善繼撰，明刊本。載清丁仁《八千卷樓書目》卷十一，子部，民國本）。又，《三才圖會》是否參考晉郭璞《葬經》等書，待考。

　　如《穴法圖》中，有「三停」穴法，王逸明先生將《地理人子須知》圖並列，並提到：三停即一種三座墓穴的排列方式，但《三才圖會》只是給出圖形，沒有作任何風水方面的闡釋〔註35〕；相對而言，《地理人子須知》則作了詳細闡釋。筆者所引《地理人子須知》三停圖有二，且標註有「天」、「地」、「人」（也即《三才圖會》「三才」之義）字樣，是否即王先生所述「三座墓穴的排列方式」之義，當需探討。下所引兩書《麒麟》圖及「壓殺」、「藏殺」、「脫殺」等，圖形不僅有微小差異，《三才圖會》也沒有闡釋，同一穴法圖片數量亦有不同（如「脫殺」穴，《地理人子須知》載「綴」、「粘」、「接」、「拋」四種類型且予以解說，而《三才圖會》僅一種類型，無解說），與王先生所述相似，需要多加注意。

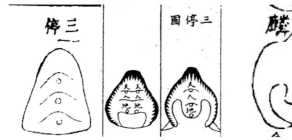
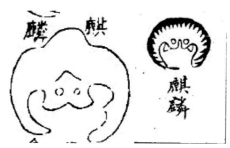

《三才圖會》與《地理人子須知》之「三停」　　　　　　《三》、《地》之「麒麟」

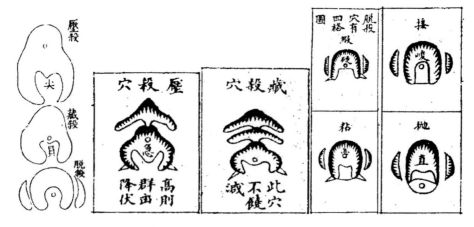

《三才圖會》與《地理人子須知》壓殺、藏殺、脫殺

〔註35〕又，王逸明先生所引《三才圖會》、《地理人子須知》諸圖，皆與本文所引不同，當為不同版本。

　　又如《中國三大幹圖》，《地理人子須知》名之曰《中國三大幹龍總覽之圖》。此圖雖然載於「堪輿」部分中，其實當為中國地形之略圖。該圖突出反映中國廣袤大地之中三大山系、兩大水系的主要特徵。其中，黃河以北為北系，黃河、長江之間為中系，長江以南為南系。王逸明先生說：「這種劃分山脈的方法，是漢代學者在《尚書・禹貢》的基礎上開創的。不管龍脈是不是真的存在，這種對中國山勢的整體描述確實有提綱挈領的效果。」〔註36〕圖中山脈、長城、河海、湖泊等圖例，借用傳統地圖中常用的形象化描繪之法，使用漢字標註岷山、太行山、東嶽、黃河、長江、淮水、星宿海、洞庭湖、鄱湖（即鄱陽湖）等重要山川、湖泊，甚至明朝域外之崑崙山、黑水、弱水亦皆註明。另外，還將兩京、十三省、邊境少數民族及域外國家之名（如女直、交趾、朝鮮、日本、琉球等），亦添加漢字標示。

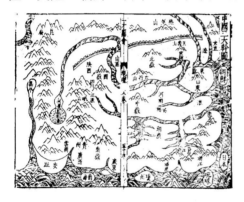

《三才圖會・中國三大幹圖》　　　　　　《地理人子須知・中國三大幹龍總覽之圖》

第二節　《和漢三才圖會・地部》中的中華地理與日本地理

　　寺島良安《和漢三才圖會・地部》中關於日本歷史地理的記載，佔有相當大的篇幅和分量，值得認真研究，本節略作分析。在切入正題之前，我們先簡單介紹「地部・中華地理」有關內容，以茲參考與比較。

一、《和漢三才圖會・地部》「中華地理」的內容、架構與特點

　　《和漢三才圖會・地部》卷六十二本、六十二末即六十三，為「中華地理」部分。「中華地理」部分共成兩方面：

〔註36〕王逸明：《1609中國古地圖集》，第253頁。

（一）中華簡況

首先，寺島良安在列舉「中華」不同名稱之後，著重敘述「唐人」、「唐船」取名之由及中日漢魏至隋唐時期交流簡況。還引用《三才圖會》自「帝嚳創九州」至明朝兩京、十三省之文，簡述中國歷代州郡等分合情況。

其次，作者還列舉九州、春秋戰國列國、明朝十五省（即兩京、十三省）名目。而「府州縣」、「家」等條目，皆爲分述十五省行政區劃、道里里程、戶口等條目所列凡例，需要多加注意。另外，此部分載圖一幅，即《華夷一統圖》。良安此圖僅有「明朝萬曆年中所圖」的標示，仔細觀察此圖，我們注意到，此與《三才圖會》載圖基本相似，僅在方向標示、「黃河源」字樣、「惠州」下「香山」字樣、「八百大甸」與「八百媳婦」分行、「甘州」「肅州」與「甘」「肅」、「金原」衛﹝註37﹞有無、地名字體、海洋波浪紋等方面略有差異。良安此圖的具體來源，存疑待考。

《和漢三才圖會》引文　　　　　　《和漢三才圖會・華夷一統圖》（局部）

（二）明朝十五省圖傳

中國概況圖傳結束後，爲分省圖傳部分。前面已經提到，良安按照十五

﹝註37﹞「金原」衛位於山海關、廣寧衛長城邊界適中位置，《和漢三才圖會》無載。《廣輿圖》（明萬曆七年錢岱岱刻本）作「金源」。

省之序分述明朝各省情況。置於首位的是「北京省」、「南京省」。北京、南京
兩省，我們一般稱之爲「兩京」，《三才圖會》則稱之爲「順天京城」、「應天
京城」〔註38〕。

　　以「北京省」爲例，其先列載《北京圖》。此《北京圖》與《三才圖會‧
北直隸圖》性質、涵蓋區域完全相同，主要區別如下：《北京圖》省境出現「×
×界」（如「遼陽界」、「山東界」等）字樣，相鄰省份地名、山川等不再出現；
《北京圖》波浪紋等海洋圖例較少；《北京圖》境內河流，皆用雙線內塡塗斜
線標示；《北京圖》北部長城皆用「城磚」式圖例標示；《北京圖》境內府名
及山海關，用雙欄方框、直隸州用圓圈標示。具體差異內容，讀者可仔細對
照下面兩圖，信息非常明確。其後傳文部分，則按照所屬府州之名，分載不
同歷史時期府域存在之國家、朝代、名人以及古跡等重要信息；府、直隸州
部分條目下，則詳細記載歷代名稱、分合歸屬、天文分野、縣數及至鄰近省
府、京師里數。最後以「土產」名目殿後。

《和漢三才圖會‧北京圖》　　　　　　　　　《三才圖會‧北直隸圖》

良安列舉其他十三省像傳。與《三才圖會》不同，其記述十三省順序如下：山東、山西、河南、陝西、湖廣、江西、浙江、福建、廣東、廣西、貴州、四川、雲南。

以卷六十三之浙江、四川兩省圖傳爲例，略作介紹。首先分析浙江省。因浙省位置特殊，其《浙江圖》亦有特色。與上述《北京圖》、《北直隸圖》相近，《浙江圖》標有方向、省境有省界「××界」標示、海洋圖例波浪紋較大、省內河流平行線標示、省內府及直隸州用方框和圓圈標示，有日本、普陀山而無屏風山、東門山、三仙島、鳳凰山之名，值得注意。傳文部分，與上述《北京省》相同，首先列浙江九州位置、省府、天文分野、省情及所屬府州。其次據府、直隸州之別，分載國家、朝代、名人以及重鎮、山川、古跡等；最後爲名人部分，涉及政治、軍事、宗教、神話、文學、藝術等各個領域。傳文末以「土產」名目殿後。

其次，分析四川省圖傳。《四川圖》與《浙江圖》圖例、標示、特點基本相同。與《三才圖會·四川輿圖》相較，《四川圖》增加黃河源、星宿海、昆崙山部分，其少數民族首領管理的軍民府、宣撫司、宣慰司、都指揮司、招討使司等皆添加方框，以示區別。與四川省地理位置、民族特色有關，其傳文部分除載府、直隸州有關情況外，還對少數民族軍民府、司、千戶所等作了介紹，並且突出民族歷史、地域分合與中原王朝關係等內容。

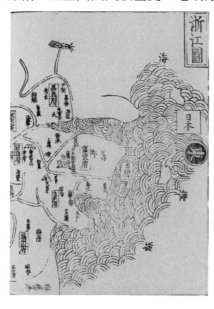

《和漢三才圖會·浙江圖》

《三才圖會·浙江輿圖》

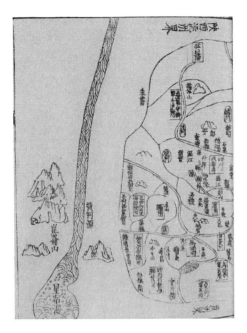

《和漢三才圖會·四川圖》　　　　　　　《四川圖·烏撒軍民府》傳文

二、《和漢三才圖會·地部》「律令國」歷史地理內容與架構

　　《和漢三才圖會·地部》總卷數為五十五卷，卷六十五至卷八十為「日本地理」部分，卷數為十七卷，約為「地部」三分之一，字數與篇幅則為三分之二強。

　　我們先觀察卷六十四「日本」圖傳部分。與上文「中華簡況」體例、架構相似，良安先列舉《大日本國之圖》，此圖下面仍有詳述，此不展開。傳文部分架構與「中華簡況」近似，但有自己的特點。

　　細而言之，良安首先辨析江戶時期日本國天文分野、歷代國名，並引明諸葛元聲《兩朝平攘錄》〔註39〕、朝鮮申叔舟《海東諸國記》〔註40〕、

〔註39〕明諸葛元聲撰、高浚校，本名《兩朝平攘錄》，有萬曆三十四年（公元 1606年）商濬刻本。《明史·藝文志》、《千頃堂書目》、《四庫全書總目提要》等皆著錄。1980 年書目文獻出版社影印出版。又一刻本增加嘉靖朝的《倭寇》，故改名為《三朝平攘錄》。凡書五卷，記敘明隆慶、萬曆兩朝有關國內民族和對外關係五件軍務要事，每事一卷。參《兩朝平攘錄》，《中國邊疆史地研究》，1991 年第 2 期。

〔註40〕案，申叔舟為朝鮮人，寺島良安記為明朝人（大明）。《海東諸國記》卷首載《海東諸國全圖》、《西海道九州圖》、《壹岐島圖》、《對馬島圖》、《琉球國圖》、《朝鮮三浦圖》等圖。本書以《日本國紀》、《琉球國記》、《朝聘應接紀》等

朝鮮徐居正等《東國通鑑》〔註41〕爲證。隨後列天神七代、人皇信息，五畿內、七道之律令國、郡數、地域等信息。

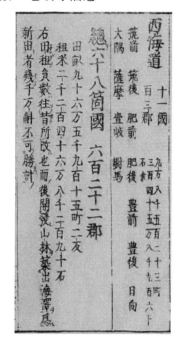

《東國通鑑》引文及良安辨析　　日本國郡、田土及租稅情況　　日本與中國、朝鮮里程記錄

　　卷六十五至卷八十的「日本地理」十七卷中，共介紹日本六十八個律令國（見下統計表）。律令國又名令制國，是日本在律令制下所設置的、僅次於畿與道的地方行政單位，相當於中國古代的州府。律令國制自奈良時代開始實施，明治初期廢藩置縣爲止。良安《和漢三才圖會》所述六十八國，分屬於日本的「五畿七道」。

材料爲主，詳細介紹十五世紀日本與琉球之歷史、地理、政治、語言等方面知識，爲日本和琉球史重要史料。1933 年，朝鮮歷史編輯會出版影印本；1975 年，日本國書刊行會以昭和八年刊印宗舊伯爵家藏本爲底本，出版影印本。1991 年，岩波書店出版田中健夫《海東諸国紀：朝鮮人の見た中世の日本と琉球》一書，爲日語譯注本。

〔註41〕《東國通鑑》，徐居正、李克墩、鄭孝恒等撰，朝鮮王朝官撰漢文編年體歷史作品。卷首爲《外記》，記錄檀君、箕子、衛滿朝鮮、四都、二府及三韓等方面内容。正文共五十六卷，記錄新羅、高句麗、高麗各王朝、國王歷史，爲朝鮮著名史書。1912 年，朝鮮古書刊行會曾出版鉛字排印本。參王巧玲：《朝鮮王朝〈東國通鑑〉編撰考》（南開大學碩士論文，孫衛國教授指導，2011 年）。

《和漢三才圖會・地部》「日本地理」律令國統計表

序號	卷次	各卷律令國細目	所屬畿、道
1	65	陸奧、出羽	東山道
2	66	上野、下野、常陸、上總、下總、安房	常陸、上總、下總、安房屬東海道；上野、下野屬東山道。
3	67	武藏、相模、伊豆	東海道
4	68	越後、佐渡、越中、信濃	前三國屬北陸道，信濃爲東山道。
5	69	甲斐、駿河、遠江、三河	東海道
6	70	能登、加賀、越前、飛驒、美濃	前三國爲北陸道，飛驒、美濃爲東山道
7	71	若狹、近江、尾張、伊勢、志摩、伊賀	若狹、近江分屬北陸、東山道，其他四國屬東海道
8	72本	山城（八郡）	畿內
9	72末	山城（佛閣）	畿內
10	73	大和	畿內
11	74	攝津	畿內
12	75	河內	畿內
13	76	和泉、紀伊、淡路	和泉屬「畿內」、其他兩國屬南海道
14	77	丹波、丹後、但馬、因幡、播磨、	播磨屬山陽道，其他屬山陰道
15	78	美作、備前、備中、備後、伯耆、出雲、隱岐	前四國屬山陽道，伯耆、出雲、隱岐屬山陰道
16	79	阿波、土佐、讚岐、伊予、安藝、石見、周防、長門	前四國屬南海道，安藝、周防、長門屬山陽道，石見屬山陰道
17	80	豊前、豊後、筑前、筑後、日向、肥後、大隅、薩摩、肥前、壹岐、對馬	西海道

　　關於「地部」日本歷史地理部分的編排次序，東京美術株式會社影印本《和漢三才圖會・項目索引》曾提到：「陸奧爲日本東北之限，故從是始，分圖記之也。」〔註42〕如果結合《大日本國之圖》，我們注意到，寺島良安根據地理位置自東北向西南之序，而非「五畿七道」之序編纂。

〔註42〕參寺島良安撰：《和漢三才圖會》，東京美術株式會社 1970 年，第 48 頁。

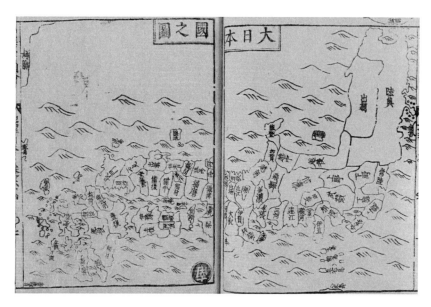

《和漢三才圖會·大日本國之圖》

　　具體言之，良安按照先本州、次四國、再次九州、最後壹岐島與對馬島的順序，敘述各律令國的情況；佐渡、隱岐等島嶼亦隨本州相關位置之國，一併論述；志摩爲本州地區半島，與近旁伊勢、尾張、近江等同屬一卷。另外，寺島良安所生活的江戶時期，「蝦夷」（即今北海道）大部未歸附日本，而爲獨立島國，因此將其與琉球、朝鮮等國並列；上圖右上角有「松前」之名，即蝦夷南部的松前藩，雖非日本律令國，但由江戶幕府認可「從五位下志摩守」松前矩廣等大名，加以管理〔註43〕，因此列入「松前」之名，而置於《日本國圖》之外，需要注意。

　　我們以「大和」、「對馬」爲例，簡單介紹各律令國基本內容與其編纂體例。

　　首先介紹大和。大和位於日本本州東部，爲日本五畿之一，歷史悠久，人文薈萃。寺島良安按照先圖後傳之序，先列《大和國之總圖》、《處處行程大略》兩圖。關於前圖，良安以略形圖形式，標出方位、屬郡、山川（如金剛山、多武峰）、村鎮（如山邊郡石上村等）、寺社（如高市郡橘寺等）等要素，域外各國僅標出國名與方位，不再標示其他信息。《處處行程大略》爲大和國內重要地點、路線、里程示意圖，與當下常用之「交通圖」性質相仿。

〔註43〕在任時間：寬文五年至享保五年（即公元 1665 至 1720 年，相當於清朝康熙年間）。參藤野保、木村礎、村上直編：《藩史大事典·北海道·東北編》，第 1 卷，雄山閣 1988 年。

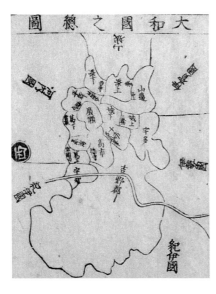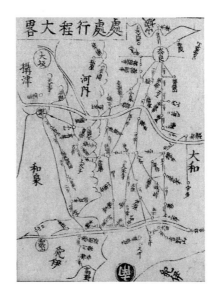

大和國之總圖　　　　　　　　　　處處行程大略

　　《大和國》傳文部分詳細記錄所轄國名源流、境內郡名、里程、神社、佛閣、宮殿、墓葬、山川、池沼、土產、行程。其中，神社、佛閣、宮殿、墓葬、山川、池沼皆按照郡依次論列。

　　以境內「添上郡」為例，共列舉古城一（奈良）、佛閣二十七、神社十一、山脈五、河川五、野坂三（飛火野、奈良坂）、墓塚三（光仁天皇陵、欲良峰陵、如意塚）、池沼二、古跡二（和爾、阿閦寺臼跡）、森林一（柏木森）、橋樑一（轟橋）等，以人工景觀、建築為主，自然山坂、川池為輔。

　　以「春日社」之神社為例，其記述格式如下：方位（「三笠山麓春日鄉」）、「祭神」（祭祀武甕槌命等四人）、掌故（神仙垂跡、祭祀初始等）、祭日（二月、十一月申日）、「攝社」（榎木宮十七）、建築（包括直會殿、南門、布生橋等）。以「東大寺」之佛閣為例，其格式如下：異名（城大寺、大華嚴寺等）、宗派（八宗兼學）、「寺領」（二千二百十一石四斗餘）、歷史、寶物（大佛尺寸、鑄造）、建築（大佛殿、迴廊）、主持（開眼導師、咒願師）、宗師（行基礎）、興廢（罹平重衡兵火）、諸堂。

　　其次介紹卷八十「對馬」。對馬為日本西南邊疆西海道所轄島國，面積為696平方公里，在日本列島中排名第十位〔註44〕。關於對馬方位，卷末曾提到：

─────────────
〔註44〕　日本國立天文臺編：《理科年表》，平成十九年，丸善株式會社2006年，第565頁。

「對馬與朝鮮相對。對馬到釜山約五百里，順風一日可到。對馬到一岐島（引者案，即壹岐國）六百里，一岐島到名護屋島九百里。」〔註45〕仔細觀察《對馬國圖》，其位置局於右上一隅，對馬與壹岐標有直線，當即上文「六百里」航線；府中、大岡、九原等地名皆標註清晰，所轄上縣、下縣名目及分界則標示不清。傳文部分，主體細載神社四、佛閣三、山峰五、浦渡二（竹浦、對馬渡）。其中「大明神」、「高島大明神」分別祭祀宗助國、宗盛弘之靈，并採用系譜之式，詳細介紹對馬守護。山脈、渡口等部分，多載和歌，以便參證。

西海道壹岐、對馬國

對馬府中藩第一代藩主宗義智
（從四位下侍從、對馬守）

對馬島與對馬海峽示意圖

〔註45〕寺島良安：《和漢三才圖會》，東京美術株式會社 1970 年，第 1139 頁。

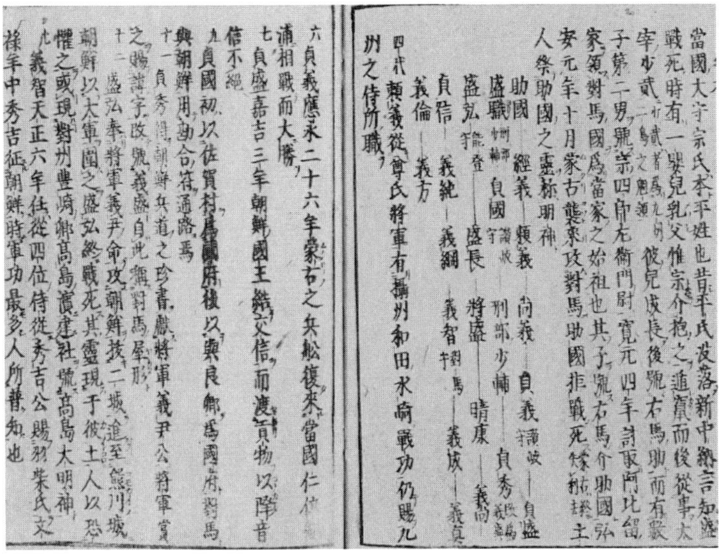

《對馬‧高島大明神》歷代守護宗氏之譜

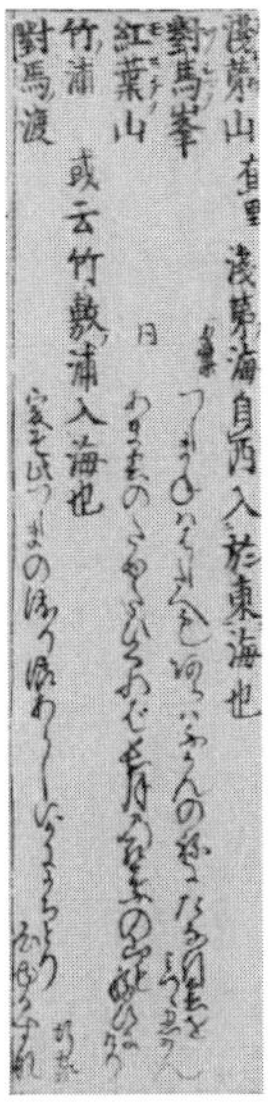

對馬山峰名目及
和歌

三、《和漢三才圖會‧地部》日本歷史地理部分的主要價值

　　首先，《大日本國之圖》與律令國分圖，具有重要價值。《和漢三才圖會》
載日本總圖一，律令國分圖十八幅。律令國分圖中，一國一圖者，如山城、
大和、攝津、河內、和泉；有數國三圖者如「陸奧、出羽之圖」、「豐前、豐
後」諸國圖；數國兩圖者，如「上野、下野」諸國圖、《紀伊淡路之圖》、「若
狹、近江」諸國圖、「能登、加賀」諸國圖；數國一圖者，如「越後、佐度」
諸國圖、「甲斐、駿河」諸國圖、「丹波、丹後」諸國圖。

　　與王圻《三才圖會》所載各圖比較，律令國圖等具有如下特點：

　　各圖均用圓圈括註方位名稱，但所標方位無統一體例，較為隨意，如《陸
奧出羽之圖》標註東、西、北三方，《上野、下野》諸國圖標註西、北兩方，
《越後、佐渡》諸國圖標註南、北二方，《若狹、近江》諸國圖標註南方，《大
和國之總圖》標註西方。各圖僅載本卷所涉及各國具體國郡、山川等名，相
鄰國郡僅出現國名與大致區劃。日本律令國周邊除外的一些重要島嶼，如見
島、大島、三宅島、小豆島、池島、繩島〔註 46〕等皆標註名稱。部分圖標註

〔註46〕見島見《大日本國之圖》；大島、三宅島見《武藏、相模》諸國圖；小豆島見
　　　　《丹波、丹後》諸國圖；池島、繩島、下島等，見《美作、伯耆》諸國圖。

航路與里程，類似當下之《航海圖》或《交通圖》。如《紀伊淡路之圖》，有陸地線路及近海航線，近海航線還有「十里」、「十八里」里程標示；又如《甲斐駿河》諸國圖，所載陸路交通線，自甲斐國「沼津」開始，至叁河國「吉田」，中間共連接二十五地，值得注意。

　　相較《三才圖會》諸圖，日本各圖海洋圖例波浪紋均小而稀疏；域內重要山脈、湖泊皆添加圖例，并註明名稱。國郡內普通河流皆用雙平行線標示；而重要河流則用雙線內填加波浪紋或者三線標示，前者如《甲斐、駿河》諸國圖之「大井川」等，後者如《山城國之圖》中「白川」等。

　　重要地名等皆用方塊標示，如《陸奧出羽之圖》中「仙臺」、「橫田」、「山形」，又如《若狹、近江》諸國圖之「上野」、「名古屋」「島嶼」，又如《山城國》之「禁中」、「二條御城」、「淀城」等，普通地名皆用圓圈。

　　其次，自宏觀至微觀，自大至小，備載各類地圖。《和漢三才圖會》一書中，各類地圖較多，除上述總圖、分國圖外，「區域圖」、「國圖」、「城圖」、「宮圖」均有特色。律令國圖上文已經介紹，此不論列。據筆者排查，區域圖共有兩種：一種為《畿內近國分野》〔註47〕（以五畿為界限）。以和泉為例，此圖僅載畿內五國的轄境、邊界、重要城市（京、大阪、奈良、堺）、河流等重要信息，當為略形圖。第二種是《處處行程大略》。此圖雖名為「行程」，詳細標出陸路交通線、里程等重要信息，從另外角度看，其亦屬於「區域圖」（或為「區域交通圖」〔註48〕）。其涵蓋地域較《畿內近國分野》稍小，僅涉及河內、攝津、大和、紀伊等數國。此圖以域內大、中城市、重要村鎮為觀照點，製作交通示意與網絡圖。其域內大城市即大阪、奈良、和歌山，中型城市如堺、郡山、平野、土佐、天王寺等，其他圓圈標示者皆為小城、村鎮等。

　　書中載城市圖三，即：《洛中洛外大略之圖》、《江戶大概之圖》、《大阪之圖》。《洛中洛外大略之圖》即平安京（京都）之圖。京都建城時，天皇擬仿照中國唐長安、洛陽兩京格式，加以設計、施工及建造。後因地勢低濕、經濟蕭條等多種因素，長安（右京、西京）未能建成，隨著時間推移，逐漸敗落，被人遺忘；洛陽（左京、東京）則不僅逐漸成為平安京的代名詞，更多次成為日本的首都〔註49〕。

〔註47〕　《和漢三才圖會·和泉》，東京美術株式會社 1970 年，第 1050 頁。
〔註48〕　與當下中國出版的各類「公路交通圖」、「高速公路圖集」等類似。
〔註49〕　參村井康彥：《洛陽と長安》，載《日本の宮都》，角川書店 1978 年，第 159～163 頁。

以此圖爲例，圖左下角仍有「西京」之名，「西京」上冊並有「朱雀」之名，即朱雀大街；所謂洛中、洛外等，即日本左京洛陽，洛中即左京城內，洛外即城外〔註 50〕。京都城平面形狀呈現規整的南北縱長方形，長與寬的比例與唐代洛陽城接近，朱雀大街縱貫全城，朱雀大街左側爲左京，右側爲右京。各條東西向、南北向的大道交錯，將城市劃分爲很多方塊狀的「坊」，與唐東都洛陽非常相似〔註 51〕。

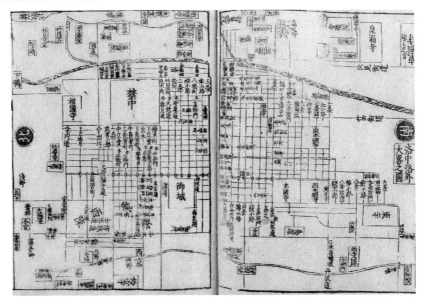

洛中洛外大略之圖

需要指出的是：唐代長安、洛陽兩京皆爲標準方塊狀城市，城中有軸線，並且道路、坊等皆爲規整方形。京都在仿造建設之時，亦嚴格按照兩京格局建設。此圖中朱雀大街、西京等皆偏於一隅、似非標準格式，又當如何解釋？其一，因爲此圖名爲「洛中」、「洛外」，所以地圖以京都左京，也就是洛陽爲主要呈現對象；其二，因西京（右京）衰弱、影響力下降，因此置於一隅。

〔註 50〕 時至今日，京都仍保留洛南、洛北、洛西、洛東的地名。
〔註 51〕 參王仲殊：《論洛陽在古代中日關係史上的重要地位》、《試論唐長安城與日本平城京及平安京何故皆以東半城（左京）爲更繁榮》。兩文皆載氏撰《中日兩國考古學‧古代史論文集》，科學出版社 2005 年，第 380～393 頁、422～440 頁。

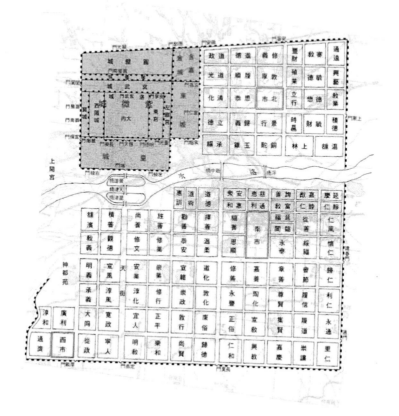

唐東都洛陽城復原圖

　　《江戶大概之圖》之「江戶」，爲東海道武藏國豐島郡下之城市，此圖爲
江戶城略形圖。圖中有注文曰：「當城，長祿二年，太田道灌始築之，而後家
康公改築，累代之居城也。士臣之大廈，圍繞以護衛之；工商之肆廓，重疊
以互市焉。」據此，不僅了解此城始築、改築情況，還可以知道此城爲江戶
時期日本最爲重要的政治、經濟與文化交流中心。此圖不僅載「御城」等宮
殿位置，還具體標示寺院、神社、山脈、道路、門戶、河川、湖泊、線路等
信息，非常重要。

　　大阪爲日本另一經濟、文化中心，因此《大坂之圖》亦須重視。據此
圖，大坂城分成東生、西生二郡，城市亦爲南北縱向之長方形，街道筆直，
坊舍呈方塊狀。宮殿、神社、寺廟、街道、河川、橋樑、島嶼等各類圖例、
名稱齊備。因寺島良安出生於大阪，此圖眞實性、準確性非常高，值得重
視。

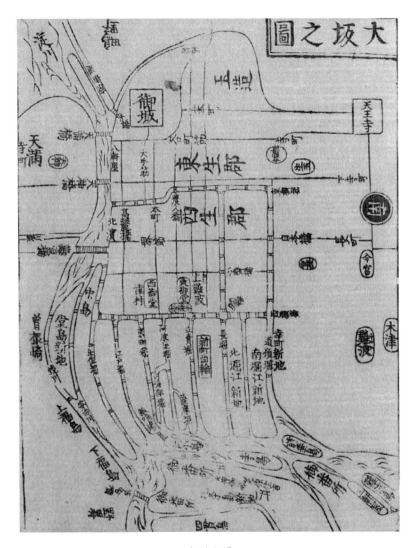

大坂之圖

　　最後，傳文部分所載各類人物，具有重要歷史與文獻價值。日本地理部分雖然名爲「地理」，且以各國郡境內古城、神社、佛閣、墓塚、古跡、橋樑、山脈、河川、池沼的介紹爲主，但神社、佛閣、墓塚、古跡、山脈、河川等所涉及的各類人物，亦不吝筆墨，加以詳細介紹。這些傳記和材料，具有重要的歷史與文獻價值，下面略作引述。

　　關於天皇與太子者，如卷七十二本「山城國·石清水八幡宮」，祭神爲應神天皇、神功皇后等，皆列小傳〔註52〕，卷七十三「大和國·法隆寺」載聖

〔註52〕寺島良安：《和漢三才圖會》，東京美術株式會社 1970 年，第 911 頁。

德太子，以茲參考。關於戰國大名、幕府將軍者，如卷七十九「長門國‧龍昌院」，載毛利元就、吉川廣家小傳，及元就系譜〔註53〕；卷七十二末「山城國」大雲山龍安寺、等持院、鹿苑寺等，分載足利義詮、足利義滿、足利義政三幕府將軍〔註54〕。關於重要軍政人物者，如卷六十七「武藏國‧大御堂谷」，載將軍源賴朝及佐奈田與一義直、朝比奈三郎秀、泉小次郎親衡等重要人物〔註55〕；卷七十五「河內國‧八幡宮」載源賴信、賴義、義家等人物傳記；卷七十二本「山城國‧天滿宮」之菅原道實。

神功皇后與武內宿禰　　聖德太子像〔註57〕　　絹本設色親鸞像〔註58〕
〔註56〕

　　關於歷代高僧者，如卷七十二末「山城國‧西本願寺」分載親鸞、如信、覺如、善如、綽如、巧如、存如、蓮如、實如、證如、顯如、准如、良如、

〔註53〕　寺島良安：《和漢三才圖會》，東京美術株式會社1970年，第1116頁。
〔註54〕　寺島良安：《和漢三才圖會》，東京美術株式會社1970年，第955頁。
〔註55〕　寺島良安：《和漢三才圖會》，東京美術株式會社1970年，第831頁。
〔註56〕　歌川國貞：《神功皇后と武內大臣》，維多利亞與阿爾伯特博物館藏。
〔註57〕　節選自菊池容齋之《前賢故實》。
〔註58〕　安城御影。建長七年（鎌倉時代，公元1255年），法眼朝円所繪絹本設色親鸞聖人像，藏於西本願寺。

寂如十四代宗師；同卷「東本源寺」源出西本願寺，載教如、宣如、琢如、常如、一如、眞如等歷代高僧〔註 59〕；又如卷七十一「若峽國・比叡山延曆寺」中，詳細記載傳教大師（最澄）、義眞和尙、慈覺大師、慈慧大師、守印大師等五位高僧〔註 60〕。

傳教大師最澄像〔註 61〕　　　　　　　　　藤原定家像〔註 62〕

　　文學藝術人物者，如卷七十二本「山城國・定家卿宅」所載藤原定家、爲家、爲氏、爲世、爲相、爲定、爲明〔註 63〕諸人，多爲著名和歌、連歌作家；同卷「紀貫之古跡」之紀貫之、東常掾、宗祇法師、細川玄旨等，「清少納言古跡」所載清少納言、徹書記、鴨長明等，皆爲著名文學家；同卷「茶人珠光宅」、「利休井」所載村田珠光、千利休等又是日本茶道宗師。

〔註 59〕寺島良安：《和漢三才圖會》，東京美術株式會社 1970 年，第 964～967 頁。
〔註 60〕寺島良安：《和漢三才圖會》，東京美術株式會社 1970 年，第 886～887 頁。
〔註 61〕此畫像繪於十一世紀，藏於一乘寺，堪稱日本國寶。
〔註 62〕此畫像爲鎌倉時代藤原信實所繪。
〔註 63〕寺島良安撰：《和漢三才圖會》，東京美術株式會社 1970 年，第 925～926 頁。

清少納言像〔註64〕　　　　《枕草子》林文月中譯本書影　　　千利休像〔註65〕

第三節　兩部《三才圖會》「宅室」與「家宅」的編纂異同

　　上節曾提到《洛中洛外大略之圖》即京都之圖，嚴格仿照唐長安、洛陽兩京之制建設。小到單體建築、宮殿、寺廟，大到街道佈局、城市規劃建設，日本均從中國吸取各種經驗和思想。此節專門比較兩部《三才圖會》關於宅室方面的異同。

一、兩部《三才圖會》「宅室」類文獻的基本情況

　　王思義在《三才圖會》中單列「宮室」之目，共有四卷，載圖二八五幅。卷一、卷二及卷三大部所述內容、性質基本相同，在此一併敘述。有建築細部或構件，如墻、廊、欄、鋪首、石礎。有單體建築，如宮、殿、臺、堂、閣、樓、闕、齋、亭、廟、房、閨、廚、守舍、牛室、廄、圈，其中閨、廚及之後單體建築，皆具獨特功能。又有不同功能的建築群，有庭、宅、草廬等居住建築，館、廨、驛、暴室等政權建築，七廟、九廟、夫子宮、圜丘、方丘壇、社稷壇（京城、府縣地方）、民社、朝日壇、夕月壇、先農壇、祠堂

〔註64〕　載菊池容齋之《前賢故實》。
〔註65〕　天正十一年（公元1583年），古溪宗陳贊，藏正木美術館。

等禮制建築，關塞、郭、弩臺、敵樓、團樓、城樓等軍事防禦建築，蠶室、繭館等手工業建築，學、太學、五學、辟雍、泮宮等文教建築，坊等標誌建築。

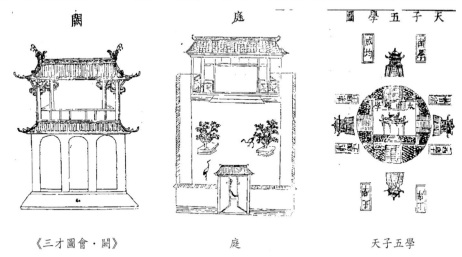

《三才圖會・闕》 庭 天子五學

倉、廩、庫、庾、困、京、窖、竇等同爲儲藏糧食等重要物資的設施，有的還可以移動，絕非建築；行馬亦不屬於建築，擺設於獨特功能的建築前，是阻擋通行的木製障礙物；竈更非建築，僅爲廚房設施之一。同樣，卷二周禮朝位寢廟、燕朝、治朝、外朝以及卷三根闌、大閱行宮、廟制、親王祀仁祖廟、祠堂佈置等，皆非建築或宮室，而屬禮儀、儀式或禮制範疇。

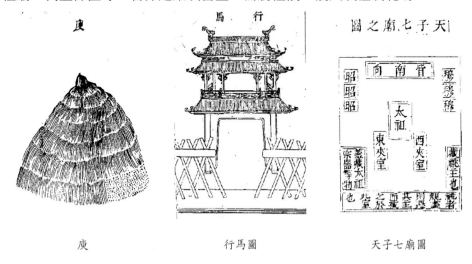

庾 行馬圖 天子七廟圖

閭里、市井等屬於聚落性質，皇城屬於城市中具有獨特功能與重要地位的大型建築群。南京廟宇、寺觀、街市、官署圖與「地理」部「應天京城圖」性質相近，屬城市略形地圖。由聚落而皇城，由皇城而城市，地域逐漸擴大，

層次更加複雜，性質更加多樣，涵蓋面更加廣泛。另外，關於「皇城」，當有北京、南京兩個皇城，明朝北京地圖已經出版多種，格局、規模等多不類，經與明王俊華纂修《洪武京城圖志》所載皇城圖比較，我們懷疑「宮室・皇城圖」當即應天京城（南京）「皇城」〔註66〕，存疑待考。

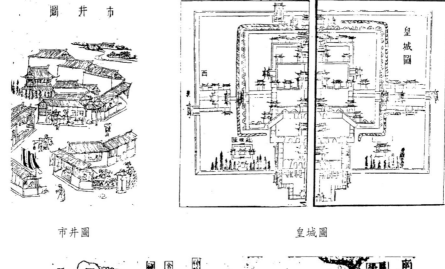

市井圖　　　　　　　　　　　　　　皇城圖

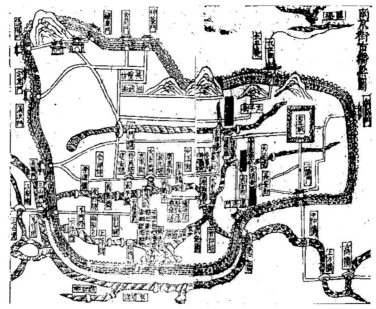

南京街市橋樑圖

〔註66〕參卿衛平《南京故宮：被遺忘了的明代開國皇城》（《中華建築報》，2013 年 10 月 11 日）等。又，卿文配置《皇城圖》一幅，未標明出處，亦即明王俊華 纂修《洪武京城圖志》所載之圖。

　　卷三後半及卷四爲「堪輿術」中陽宅部分，共載《陽宅九宮圖》、《東西四宅式》、《陽宅內形吉凶圖》（以上卷三）、《陽宅外形吉凶圖》及東、西四位《宅圖》。陽宅是堪輿術中非常重要的分支，共分成理氣、形式兩派。歷代流傳作品極多，當下仍流行於民間，學術界特別是古建築園林學界，有較多研究和探索。吾師蔡達峰教授《歷史上的風水術》、《堪輿》等作品中，有較深入的分析，可以參考。

　　明清時期是陽宅堪輿的高峰時期，其中收入「續修四庫全書」、「四庫未收書輯刊」、「故宮珍本叢刊」、「晚清四部叢刊」、「叢書集成」的作品較多，典型代表者有如下數種：佚名《陽宅大全》、明周繼《陽宅眞訣》、佚名《陽宅神搜經心傳秘法》〔註67〕、清姚承輿《陽宅正宗》〔註68〕、清魏青江《陽宅大成》、清蔣平階《陽宅指南篇》〔註69〕、清黃海山人《陽宅指掌》〔註70〕、梅漪老人《陽宅闢謬》〔註71〕等。筆者擬專節分析，此不論列。

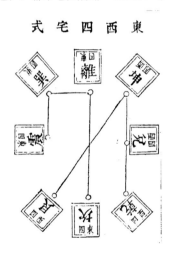

《三才圖會·宮室·東西四宅式》

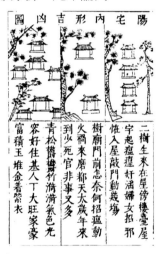

《陽宅內形吉凶圖》（部分）

〔註67〕以上三書皆入《續修四庫全書·子部》（第1052冊），版本皆爲明萬曆年間吳勉學刻本。

〔註68〕《陽宅正宗》入「四庫未收書輯刊」（第九輯，第12冊），版本爲清道光三十年吳廷溥刻本。

〔註69〕《陽宅大成》、《陽宅指南篇》入「故宮珍本叢刊·術數·相宅相墓」（第414冊，海南出版社2000年），版本分別爲嘉慶年間刻本、清代稿本。

〔註70〕《陽宅指掌》入林慶彰主編之《晚清四部叢刊·子部》（第八編，文聽閣圖書有限公司2012年），版本爲清光緒十八年聞梅齋刻本。

〔註71〕《陽宅闢謬》入王雲五主編「叢書集成·初編·術數」（第989冊，商務印書館1937年），所據版本爲咫近齋叢書本。

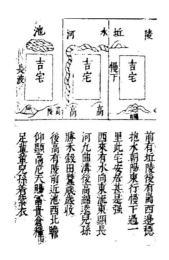

陽宅外形吉凶圖（局部）　　　　梅漪老人《陽宅闢繆》（「叢書集成」排印本）

相對而言，寺島良安《和漢三才圖會・地部》僅有一卷論述「宅室」，即卷八十一「家宅類」，此卷共載圖八十五幅，文字篇幅、圖版數量，均相當於《三才圖會》三分之一弱。

此卷「宮」條目文字部分主要以日本神武天皇、聖德太子、桓武天皇時宮殿建設、規制等內容爲主，並附《宮城大內裏之圖》爲據。案，「宮城大內裏」屬於大型建築群，置於「家宅」類不甚妥當。

「宮」條目圖傳之後，先列殿、堂、房、樓、臺、宅、亭、寺、塔等單體建築圖傳，後面則是棟、簷、柱、門、扉、窗、階、壁、瓦、釘、栓、袿木等建築構件或建築細部的圖版說明。其中，棟、簷、柱至卷末部分，寺島良安歸入「家宅之用」目類之中。第七章我們還會加以論述，此處從略。

《和漢三才圖會・宮》　　　廳　　　塔　　　枓　　　階梯

二、兩部《三才圖會》「宅室」的編纂特點

　　首先，兩部《三才圖會》版畫插圖，雕刻謹嚴，類型多樣，令人印象深刻。兩部《三才圖會》共羅列三七〇幅版畫、插圖，形象展示了各類建築群、單體建築、建築細部、建築構件，為我們詳細了解明代後期、日本江戶時代建築樣式、類型、構造等，提供了重要參考和借鑒。上文中，筆者所引各圖版均能說明問題，此不再論述。

兩部《三才圖會》宅室類圖版統計表

王思義《三才圖會》				寺島良安《和漢三才圖會》	
卷目	圖版數量	卷目	圖版數量	卷目	圖版數量
宮室一	32	宮室二	37	地部	85
宮室三	71	宮室四	145	家宅類	

　　其次，相較《和漢三才圖會》，《三才圖會》載大量禮制、文教建築，深刻反映中華文化中禮儀、文教方面的獨特性質。王思義《三才圖會・宮室》四卷中，所佔比例最大的是禮制建築或禮儀制度。卷二《周禮朝位寢廟圖》、《燕朝圖》、《治朝圖》、《外朝圖》，卷三《根闠》、《大閱行宮圖》等圖，皆屬於禮儀為核心、等級為基礎、建築為依託的示意圖。《皋門應門圖》雖顯示為建築構成部分「門」的示意圖，但仍體現出等級為基礎的禮儀制度。

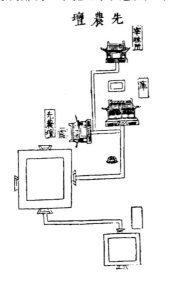

先農壇

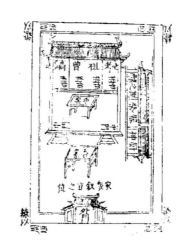

祠堂三間之圖

　　卷二《周九廟》，卷三《廟制圖》、《仁祖廟圖》以及「祠堂一間」、「祠堂三間」等圖，不僅反映中華文化中祖先崇拜、祖宗祭祀的重要地位，更是儒家禮儀制度重要組成部分。而卷三圜丘壇、方丘壇、社稷壇、朝壇、夕月壇、祠堂、先農壇等禮制度建築，則反映了中華文化中天地、神祇、人鬼崇拜與祭祀的重要性，以及禮儀制度的嚴密性、複雜性，當然其繁文縟節亦令不少人心煩、頭痛。

　　卷一《學》，卷二《天子五學》、《天子辟雍》、《諸侯泮宮》、卷三《夫子宮墻圖》、《太學》等，皆為文化教育類建築。文化教育、政教風化是歷代國君維護國家穩定、政治清明、統治地位的重要手段，數千年古代中國文明更是依靠文教風化，從而傳承至今。因此，《三才圖會》一書中，體現出輕視民居等實用類建築，而重視禮制文教建築的傾向。另外，禮制、文教建築的建築材料、構件、佈局、陳設，在這類禮儀建築之內舉辦各類儀式的日期、日程、人員、禮器、禮服等，皆有明確規定與嚴格限制。當下社會非常流行的祭祀黃帝、炎帝、孔子等重大儀式，似取資或參考了《三才圖會》中的記載及圖示。

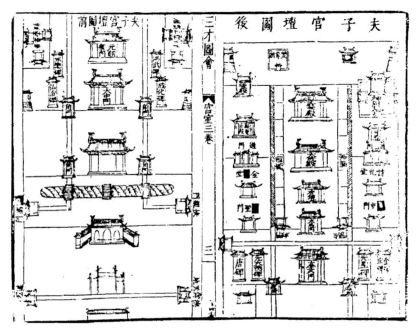

夫子宮壇圖（即《夫子宮墻圖》）

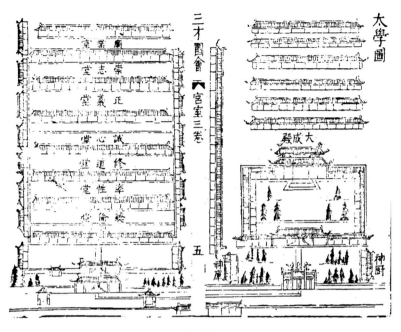

太學圖

再次，《三才圖會》所載「官署」、「暴室」、「弩臺」、「郭」、「倉廩」和「行馬」等建築或建築附屬物，亦反映了明朝政治、軍事、民俗、民生方面的獨特性。以卷三《南京官署圖》爲例，「官署」在應天京城南京中佔有極其重要的地位，其地理位置、佈局等，嚴格體現了皇權至上、等級制度特性，甚至作爲官衙機構附屬物的「行馬」亦體現嚴密的等級制度；「暴室」本爲漢代宮廷官署之一種，主要負責布匹織作染練（取「暴曬」之義爲名），後逐漸演變爲懲罰犯人、奴隸勞作的工場，飽含底層草根民眾的辛酸與血淚。

暴室

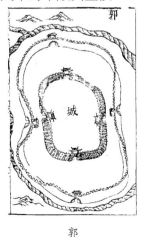

郭

　　卷二「郭」、「弩臺」、「敵樓」、「吊橋」等皆爲軍事護衛或防禦類建築，是古代中國城池的重要組成部分。弩臺、敵樓屬於重要軍事建築，由不同層級軍事機關管理，上面皆駐紮士兵，有嚴密組織體系與防衛制度，是古代中國軍事管理、城市管理的重要組成部分。如果讀者去過西安、南京、大理、平遙等地，會對城池、城墻、城門、門樓、箭樓、敵樓等設施印象深刻。

　　另外，卷二中，總共列舉倉、廩、庫、庾、囷、京、窖、竇等八種儲藏糧食的設施或器具，如王思義所引《鄭詩箋》、《集韻》，所謂「庾」即「露積穀」、「倉無屋者」。庾、囷、倉、庫等儲糧設施與工具，筆者幼時皆已親密接觸，經常幫助父母儲糧；至今，筆者仍能回憶其中各種細節：秋後農閒時節，父親將之前收割的荊條放入水中，浸泡較長時間之後，撈起晾乾，花費大約一兩周的時間，自行手工編製囷囷。編製完成後，來年春天放置於石臺之上，囷之裏外皆粉刷黃泥，主要爲了防潮、防鼠、防蟲、防蛀；還利用蘆葦、木頭，編製錐形苫帽。糧食盛入之後，加上蘆葦蓋帽，用於防雨、防曬、防霉。據筆者幼時記憶（現在民間多已消失），小麥、玉米、穀物等收割完畢、運送至加工地（名曰「場院」）後，在穀堆、麥堆上面，多用草苫子〔註72〕等圍繞、包裹，以防止雨淋、風吹、鳥擾。略有差異之處在於：王思義之圖，草苫子頂端用繩捆紮，而筆者幼時所見，多用油布、盆子等壓住，防止滲水或被風吹散。

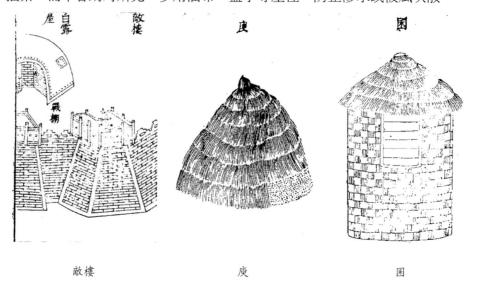

敵樓　　　　　　　　　庾　　　　　　　　　　囷

─────────────

〔註72〕《三才圖會・器物》卷十有載，名曰「積苫」，上海古籍出版社 1988 年，第 1277 頁。

復次，《和漢三才圖會》所載居住、宗教類建築及建築細部、構件等，亦反映出日本江戶時代民俗生活、宗教信仰情況。雖然寺島良安《和漢三才圖會》「宅室」類圖傳卷數、數量較少，但是其特點仍較明顯，我們這裏提到的居住、宗教建築及建築細部、構件仍有重要價值。關於居住建築，如「廳」，即延接賓客之房屋，日本名之爲政所等。圖版亦有衣著和服之主、賓，在廳堂相見場景。「室」（即臥室）、「食堂」、「浴室」等爲日常生活所需的各類建築設施，也是獨具特色；甚至連食堂、浴室等名稱，現在的中國仍在使用。而「肆」、「店」即《三才圖會》中「市肆」，即古代進行商業貿易的場所。「肆」、「店」兩圖，活靈活現地展示日本江戶時代行商、坐商等買賣交易的場景，圖中人物髮型、斗笠、衣著、飾物皆細緻入微、惟妙惟肖，而挑擔、交談、行進等動作更是形象逼真、呼之欲出，饒有趣味。

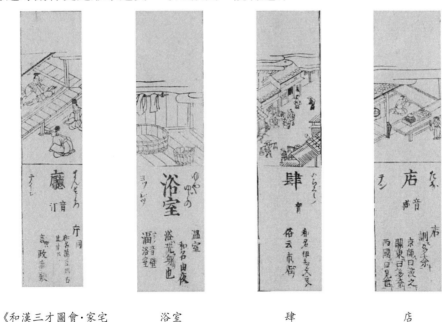

《和漢三才圖會·家宅　　　浴室　　　　　肆　　　　　　店
類·廳》

關於宗教類建築，主要有神道教之社及佛教之寺、方丈、塔、輪藏等。「社」即日本神道教主要祭祀場所神社。在古代日本，社、宮皆稱神道教祭祀場所，後來互有分合，社名爲常用名稱。寺島良安曾提到：「凡宗廟神之稱宮，其他皆爲社……正應六年，敕以伊勢國神改社號爲宮。」〔註73〕關於佛教建築之

〔註73〕寺島良安：《和漢三才圖會》，東京美術株式會社 1970 年，第 1145 頁。

「寺」，良安引《事物紀源》、《書言故事》、《五雜組》等文獻爲證，並辨析日本建寺之源、建寺之制。所載圖版亦有趣味，圖中身著玄衣之僧人，立於門口，天上爲雲，腳底爲臺（其製作樣式，詳見下文之「甕」條目，值得注意），臺下爲階，一幅悠然自在、超然塵外之象。

　　日本古代的建築構件、設計、格局等，多模仿中國而來，但寺島良安書中所載，又有重要特徵。建築構件中，長押、搏風、懸魚、千目、棧、鈄鏀等，中國間有使用，但有關記錄較少，日本則非常流行，并有詳細圖傳，以茲參考。關於此部分內容，第七章還有詳述，以供參考。

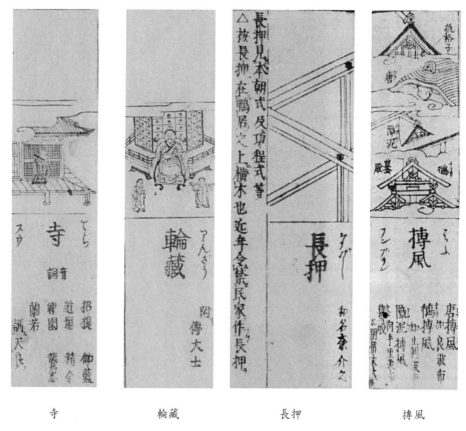

寺　　　　　　輪藏　　　　　　長押　　　　　　搏風

　　最後，兩部《三才圖會》共載條目，亦反映出中日兩國文化、民俗方面重要差別。兩部《三才圖會》皆有記載者，有如下名目：建築細部或構件者，如廊、欄、閣、墙；單體建築，如宮、堂、房、宅、臺、亭、坊、祠；建築群有驛、邸、館、盧、關；特殊功用之建築或設施，如廚、廁、殿、窖、守舍等。如「臺」，王思義引用軒轅臺、靈臺等圖，著重說明「臺」「四方高」、

「觀、察、遊、望」〔註74〕之功，而寺島良安傳文中則主要強調「樓臺」、「舞臺」，圖版亦與「榭」對比。又如「庭」，王思義之「庭」即庭院，圖版亦描寫庭院場景；而良安則載「院」、「庭」兩條，據圖版所示，其「院」當與思義「庭」義近，而其「庭」則僅爲「門屏之內」，圖版所示亦爲狹義「門庭」之義。中日皆有「守舍」，義亦相同，即多立於田間、村落，用於臨時儲物、偵查瞭望、防止畜獸侵擾。在日本著名動漫電影《幽靈公主》（宮崎駿作品）中出現過村民使用「守舍」瞭望、觀察，防備侵擾、襲擊等，可參。其他祠堂、廚、窖、廁等圖版部分亦有些許差異，此不論列。

中日關於「坊」、「廬」等建築或設施，理解多有不同。中國的「坊」主要是一種具有禮儀、禮制標誌性的建築，而日本主要強調「街區」，與《三才圖會》中的「閭里」義近。《三才圖會》中的「廬」主要爲田廬、農家小院之義，而日本之「廬」主要強調功用，如作爲旅社、餐館、租屋等。

整體來看，兩書共載條目，語義方面略有差異，因此圖版亦有差異。另外，《三才圖會》「宅室」類建築多以強調樣式、佈局爲主，而《和漢三才圖會》則主要強調建築功用、使用場景等方面。兩書各有千秋，多有互補，共同展現了十六、十七世紀中日建築場景，值得重視。

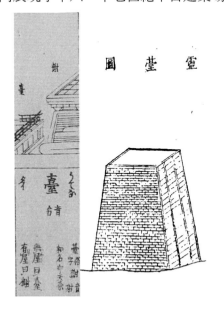

兩部《三才圖會》中的「臺」

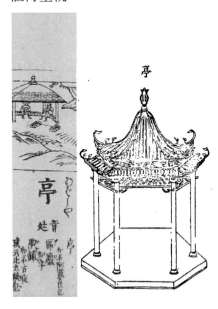

兩部《三才圖會》中的「亭」

〔註74〕王思義：《三才圖會·宮室·靈臺》，上海古籍出版社 1988 年，第 989 頁。

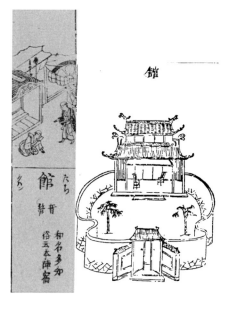 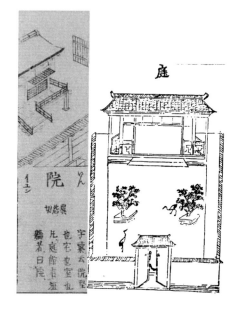

兩部《三才圖會》中的「館」　　　　兩部《三才圖會》中的「庭」與「院」

第四節　《三才圖會‧器用》與《和漢三才圖會‧人部》比較研究

　　兩部《三才圖會》均有大量篇幅記載古代中國、江戶日本使用的各類器物，本節擬對此加以比較與分析。

　　首先，我們簡單介紹書中各類「器物」的記載情況。《三才圖會》十四部中有「器物」一部，共有十二卷，載圖一一〇五幅，文字篇幅巨大，版畫插圖數量極多。其中，卷一、卷二為「古器類」〔註75〕，即明朝之前歷史時代，中國所用各類青銅器、玉器、金屬器等。卷三為「樂器類」，卷四為「舞器、射侯、舟類」，卷五為「車輿類、漁類」，卷六、七、八為「兵器類」，卷九為「蠶織類」，卷十為「農器類」。卷十一雖未添加小字注文，據其中條目，亦為農器類。卷十二為「什器類」，包括文房用具以及日常飲食、起居所用各類器具。整體看來，《三才圖會》所載各類器物，既有明代不再使用之「古器」，又有明代日常生活使用的各類器具，這些當下使用的器物，涵蓋了農業、手工業、樂舞、交通、軍事等各個領域。

〔註75〕「古器類」等添加雙引號者，皆為原書卷目所添加小字注文，用以標明類別。

　　《和漢三才圖會》「器物」類內容，全部在「人部」，共有十五卷，載圖七四二幅。其中，卷十五爲「藝器」主要介紹磁針、鐘錶、曆本、符券、賬簿、璽印及文房用具等。卷十八爲「樂器類」，卷十九爲「神祭、佛供器」。卷二十、卷二十一爲「兵器」，且細分爲兵器防備、征伐兩類。卷二十二爲「刑罰」器具，卷二十三爲「漁獵具」。卷二十四爲「百工具」，主要以手工業工匠所用各類器具爲主。卷二十五、卷二十六分別爲「容飾具」、「服玩具」。卷二十七爲「絹布類」，主要記載各類棉織、絲織、麻織物。卷三十一、卷三十二分別爲「庖廚具」、「家飾具」，卷三十三至卷三十六分別爲「車駕類」、「船橋類」、「農具類」及「女工具」。與上述《三才圖會》相似，寺島良安此書亦涵蓋農業、手工業以及軍事、交通、樂舞各個領域。由於日本文化的獨特性，良安還專門記載神道教、佛教器物，兵器類、容飾具、服玩具等具有地域文化色彩者，亦加以分類匯編。

　　下面，筆者將兩部《三才圖會》相同或相近器物置於一處，加以比較分析，總結其異同情況。

一、兩部《三才圖會》中的農器、漁獵器

　　關於中國古代的農器、農具、漁獵具等，《齊民要術》、《耒耜經》、《王禎農書》、《天工開物》《農政全書》、《授時通考》、《農具記》、《新制諸器圖說》、《遠西奇器圖說》、《泰西水法》、《農物女紅圖》等歷朝農書或科技史作品，均有詳細記載。周昕先生《中國農具通史》等作品又作了詳細分析與研究，值得參閱。不過，周先生作品中沒有專門討論《三才圖會》農具的內容，我們這裏略作分析，以作補充。

　　參考周昕先生採用的分類法〔註 76〕，我們還做部分調整與補充，將《三才圖會》所載農具作如下分類（見下表）：

農具大類	農具小類	農具名目	備　註
耕耘農具	耕作	犁、劂刀、濬鏵	
		鑱、鏵、鐴、劐	皆爲犁頭
		耕索、耕槃	耕犁附屬用具

〔註 76〕相關農具或工具分類情況，參考周昕《中國農具發展史》（山東科學技術出版社 2005 年）及前書修訂新版《中國農具通史》（山東科學技術出版社 2010 年）等，特此說明。

	整地	勞、杁、砘車、竹杷、耘杷、平板、刮板、田盪、耘盪、方耙、耖、撻、櫌、礰礋、鐵搭	
大田作業農具		鍤、钁、钁、鋤、鏟、枚、錢、鎛、耨、長鑱、耒耜、耬鋤、鐙鋤	鍬、鑱、鏟、質地有異，性質相同。
播種農具	下種	耬車	
	插秧	臂篝、秧馬	
作物收割、初加工農具	收割	鐮、銍、艾、翳鐮、刈刀、捃刀	
	搬運	拖杷、搭爪、禾鉤、推鐮、杈	
	積存、儲藏	積苫、麥籠、麥綽	
作物加工工具	切割	鍘	
	脫粒	連耞	
	晾曬	喬扦、麥笂、籭籬、木揚杴	
儲糧工具（*非儲糧設施）	儲糧、儲種	穀匣、穀盎、瓠種、窖、窖、箕、畚、儋、	
糧食深加工工具	潔淨、磨製	籭、箕、颺籃、颺扇、磨、碾、碌碡、杵臼、砧杵、碓	
水利器具（*非設施）	防水	石籠、大木柵	
	取水	桔槔、轆轤、筒輪、戽斗、水篸、水排、翻車、筒車、木筒	
	濾水	架槽	
	排水	瓦竇	

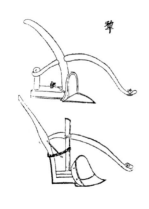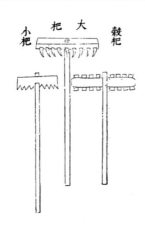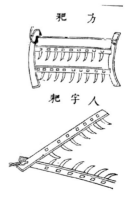

犁、杷、耙等

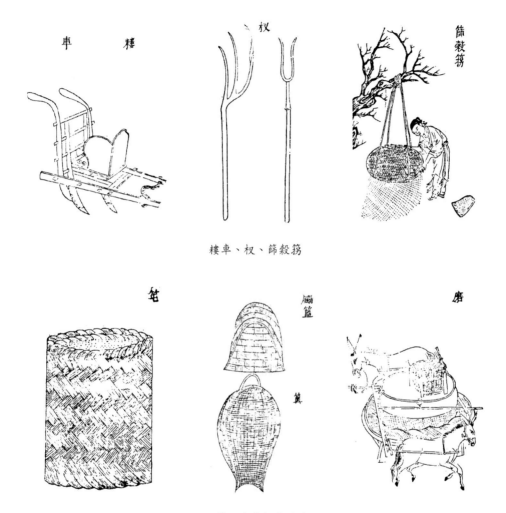

樓車、杈、篩穀筮

囤、颶籃、箕、磨等糧食儲藏加工工具

　　整體看來，農業勞作的各個環節，如耕耘、除草、播種、收割、加工、儲藏、潔淨、磨製等，皆有農具記載（始於開墾，終於糧食加工完成、可供食用）。而其中，平整土地、作物收割、糧食儲藏、糧食加工等為重中之重，農具樣式較多，記載亦豐。這些工具多以人力使用為主，犁、刮板、樓車、筒輪等借用牛馬畜力或人力，颶籃、颶扇、木揚杴等需用風力與人力。水利器具等多以水力驅動為主，水碓、水碾、水礱、水磨、槽碓、木打羅等糧食加工工具亦採用水力，以節約人力。

　　又，筆者生於北方鄉間，《三才圖會》中所載各類農具，大部分皆親眼目睹，親手使用過。如「方耙」、「人字耙」等皆為鬆土器具，牛馬耕犁耕耘之後，

土塊全被翻起，需要用方耙、人字耙整地。當時因家中耕牛年幼，力氣有限，父親無法站立在耙上，而改由筆者代為勞作。耬車為播種農具，種子需要提前使用水、藥浸泡，防止生蟲，土地平整完畢後，耬車架於地邊，種子置於耬車方斗內，漏種小孔提前用布塞住，牛馬等用耕索、耕棬固定之後，人扶耬車把柄，驅動牛馬行進，順便將方斗小孔布頭取出，採用前進且左右搖擺的姿勢，以便於下種均勻。「囤」為儲糧器具，筆者幼時，曾見父親手工編製直徑一米半、高度約兩米半之囤用於儲糧，囤內皆用河泥塗抹、風乾，防止雨淋生蟲。

庠斗、水排、水轉翻車等水利工具

《和漢三才圖會》所載農具，大部分出現於《三才圖會》，其包括耕耘、整地、播種、收割、儲存、加工等種類，亦較豐富〔註77〕；即便是同一農具，版畫插圖也有不同。如「磨」，《三才圖會》為畜力拉磨之圖，而《和漢三才圖會》則為磨之構造示意圖；「杵臼」，《三才圖會》亦為勞作場景圖，《和漢》則為器具構造示意圖。兩部《三才圖會》中還有傳文相同而圖版略有差異者，如「颺扇」、「篩穀筓」〔註78〕等。

《和漢三才圖會》中還載日本獨有之農具。如「千斛筬」，此物功用同於「篩」、「籮」等物，但功效大增。良安曰：「近年所出之大篩，其功十倍於篩

〔註77〕 主要參考鑄方貞亮《農具の歷史》（至文堂1965年）、《日本歷史民俗論集》（十冊，吉川弘文館，1992～1994年。復旦大學日本研究中心資料室：K893.13／R373／J）等。

〔註78〕 《和漢三才圖會》所載「篩穀筓」，懸掛非「篩」，而似中國農村所用「籮」，存疑待考。

穀籟，名曰千石籟。」〔註79〕又如「案山子」，即「田圃中使草偶持弓，以防鳥雀」之物〔註80〕，也就是民間用於驅趕鳥雀的「稻草人」。

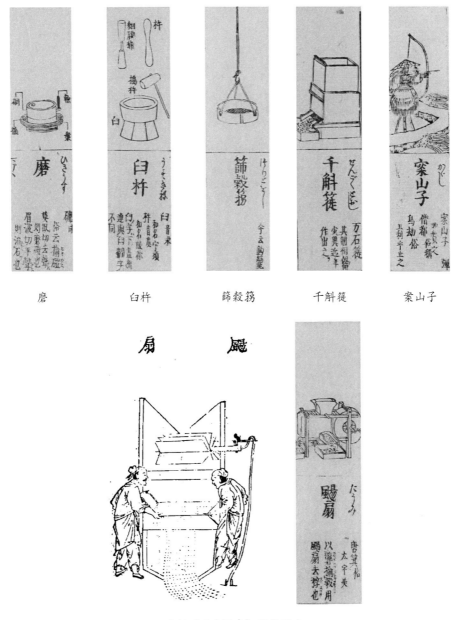

磨　　　　臼杵　　　　篩穀籟　　　　千斛簁　　　　案山子

兩部《三才圖會》所載颺扇

〔註79〕寺島良安：《和漢三才圖會》，東京美術株式會社1970年，第420頁。
〔註80〕寺島良安：《和漢三才圖會》，東京美術株式會社1970年，第423頁。

　　值得注意的是:《三才圖會》「器用」卷五所載漁具,種類繁多,特別具有生活情趣。如出現各類漁「網」十二種,「釣」類工具、勞作場景四幅,小網、小筐類捕魚具四種,即打艡艘、罩筌、蟹斷等。另外,還有魚又等捕魚具。

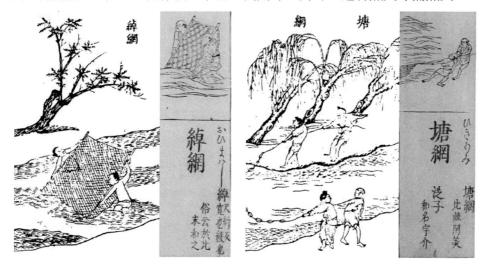

兩部《三才圖會》所載塘網、綽網

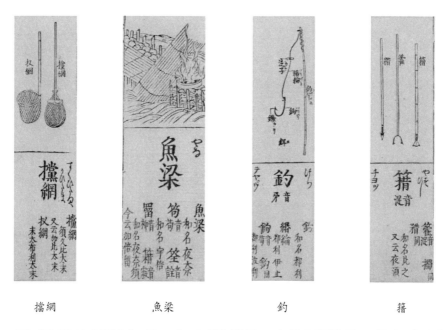

擋網　　　　　魚梁　　　　　釣　　　　　籍

　　而《和漢三才圖會》卷二十三「漁獵具」亦載各類漁具。其中《三才圖會》無載者,有如下數種:魚梁、罧、荏罩、籍(即魚叉)、篩、等箸(即用

繩懸於腰間之魚簍）。二者差異之處在於：塘網、綽網等圖，場景相同，而圖中人物服飾打扮，中日判然分明。中國圖版以場景為主、結構示意為輔，《和漢三才圖會》則反之。「釣」《三才圖會》列釣竿、釣魚各類場景，《和漢三才圖會》則列詳細結構示意圖。

二、手工業器

　　《三才圖會》所載手工業工具主要以紡織類器具為主，涉及絲織、棉織、麻織等，工具則以植桑養蠶器具、紡織工具為主，關於前者有桑几、桑梯、桑籠、桑網、桑勾、切刀、蠶箔、蠶槌、蠶框、蠶槃、蠶勺、蠶架、蠶網、蠶簇、繭甕、繭籠、蠶連等，後者如紡車、大紡車、小紡車等。以植桑、養蠶、繰絲、絡絲（撚線）、繞線、引緯（梭子）、整經、紡紗（布）、印染為輔〔註81〕。其中，繰絲、煮絮工具有熱釜、南繰車、北繰車等。絡絲或撚線類工具有絡車、絲籰、蟠車、撚軸等。繞線工具有紉車、旋錐等。紡紗有織機、紡車等。引緯具有緯、梭等。整經器具有經架等。棉花初加工工具有木綿攪車、煮絮滑車，棉花深加工工具有紡車、經牀、線架、撥車以及木綿彈弓、捲筳等。麻織類工具較少，僅有一種，即績。

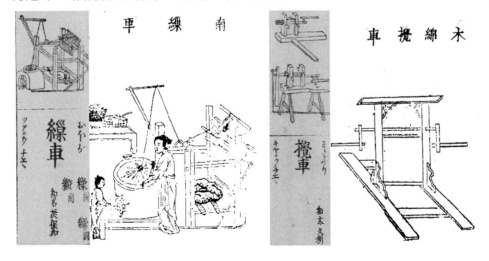

兩部《三才圖會》所載繰車、攪車

〔註81〕　此分類參閱趙翰生：《中國篿紡織與印染》，商務印書館 1997 年；劉興林：《考古學視野下的江南紡織史研究》，廈門大學出版社 2013 年；曹振宇主編：《中國紡織科技史》，東華大學出版社 2012 年；陳澄泉、宋浩傑主編：《被更烏涇名天下：黃道婆文化國際研討會論文集》，上海古籍出版社 2007 年。

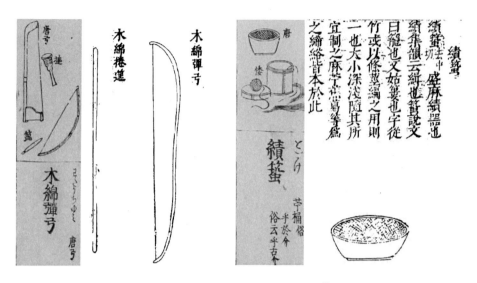

兩部《三才圖會》所載木綿彈弓、績箮

《和漢三才圖會》中手工業器主要集中在卷二十四「百工具」、卷三十六「女工具」等。其中，卷三十六卷目為「女工」，主要以紡織工具展示為主。相較《三才圖會》，寺島良安所載織具並無較大變化，部分器具如筬、滕、篗、機躡、絡柅、繀刷、杼筈等，僅名稱有異，功用則與《三才圖會》所載同類工具相同。

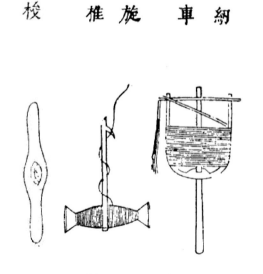

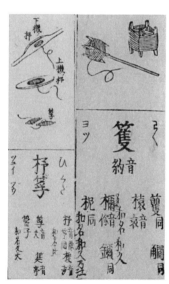

《三才圖會》所載梭、紉車、旋椎　　　　《和漢三才圖會》所載篗、杼筈

　　另外，卷二十四「百工具」部分，主要介紹木工、瓦工、鐵工、漆工、油工等手工業工匠所用器具。木工用具較多，典型的有規矩、尺準、繩墨、鋸等。鐵匠所用鑪、千斤（即起釘鉗）、坩堝、砧等樣式較多。這些工具行用數百年，直至今日仍沒有明顯變化，古人的聰明才智於此盡現。以木工為例，筆者二十多年前高中畢業之時，曾隨叔父學習木匠手藝，當時所用工具與兩部《三才圖會》大半相同，令人印象深刻。

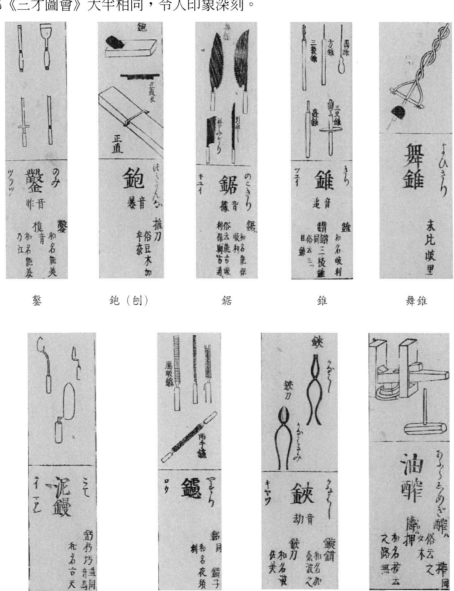

鑿　　　　　鉋（刨）　　　　鋸　　　　　錐　　　　　舞錐

瓦工用泥鏝（即泥板）　　鐵工所用之鑪、鋏（即鉗）　　油坊所用榨機

三、交通用具

　　兩部《三才圖會》載有許多陸路、水路、海路各類交通工具。陸路以車輿為主，河海以各類船、筏、野航為主。下面簡單介紹一下。

　　《三才圖會》「器用」卷四載「舟類」三十五種及「船碇」圖傳等內容，多引自宋曾公亮《武經總要・前集・水戰》（卷十一）〔註82〕、明鄭若曾《籌海圖編》〔註83〕、元王禎《農書》〔註84〕等材料。所載三十五種舟船中，主要以廣船、大頭船、福船、蒼山船、艨艟、樓船等戰船、戰艦為主，渡船、漁船、簡易木筏等皆少。又，《三才圖會》中還有些許訛誤，如「大頭船」圖後為「廣船」之傳，當加以調整。

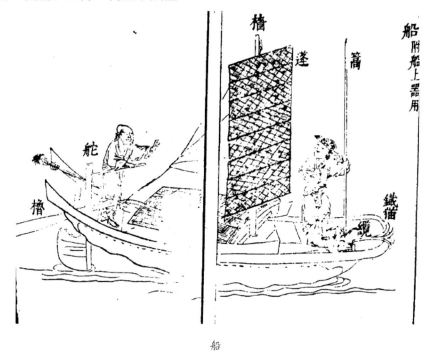

船

〔註82〕　案，王明鶴《登壇必究》等書，亦引《武經總要》相關部分為說。而茅元儀《武備志・軍資乘水・戰船》（卷一百十六、卷一百十七，天啓年間刻本）、王在晉《海防纂要》（卷六，萬曆四十一年）亦載相關內容。因以上各書刊刻年代與《三才圖會》基本相近，無法確定彼此材料淵源，是否共同抄襲《武經總要》，亦未可知。

〔註83〕　《籌海圖編・經略三》，卷十三，嘉靖四十一年胡宗憲刻本。

〔註84〕　如划船、野航等，見元王禎《農書・舟車門・農器圖譜》，卷十八，清乾隆年間武英殿刻本；徐光啓《農政全書》（卷二十三農器，圖譜三）亦載「野航」，成書晚於《三才圖會》，無法確認資料來源情況。

《三才圖會·福船》

《籌海圖編·福船》

《三才圖會·蒲筏》

　　《三才圖會》「器用」卷五爲「車輿類」，載車、輿、馬類交通工具及其附件。首載「車制」情況；「輅托轅」、「承轅」等皆爲車飾，多參考《宣和博古圖》（卷二十七）。「大輅」、「五輅」皆古時天子所乘，王思義等是否目見明代五輅，難以確定。據傳文部分，其曾參閱《車輅》〔註85〕。鳩車、指南車等，亦源自《宣和博古圖》（卷二十七）等。而刀車、木女頭、絞車、撞車、風扇車等雖名爲「車」，其實主要用於軍事戰爭，非交通工具。而作爲交通工具或運載工具的車類插圖，僅有《大車圖》、《安車制圖》兩圖，前者爲普通民眾使用，後者爲達官貴人使用之車。

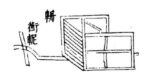

輈圖（及車駕底梁）

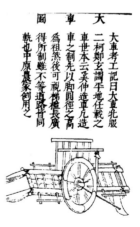

大車圖〔註86〕

〔註85〕　即徐一夔《明集禮·五輅篇》卷四十一，清文淵閣四庫全書本。

〔註86〕　此圖所載，即民間常用之大車、板車。筆者幼時，大車、板車爲鄉間貨運、客運重要交通工具之一，又名排子車、地排子、膠皮車、大膠皮，或由牛馬之力，或用人力。

安車之圖

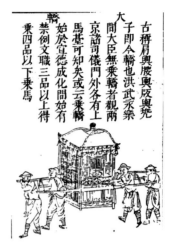

大轎

另外，《三才圖會》還載輿二、轎一及馬飾三。「轎」是中國古代達官貴人重要交通工具，上海曾發掘潘允徵墓葬，出土了氣勢不凡、等級森嚴的木儀仗俑，儀仗隊伍由樂俑、文武官俑、隸役俑、侍吏俑、侍童俑、轎夫俑及轎子等組成。其中，轎夫、轎子形制與《大轎圖》所示，極其相似，值得參考〔註87〕；傳文部分，似參明陸容《菽園雜記》〔註88〕等文獻。整體看來，《三才圖會》所載雖名為「車輿類」，而以兵車、禮車、古車為主，車飾、馬飾、輿轎為輔。

上海潘允徵墓出土木俑儀仗隊伍及轎夫、轎子明器

〔註87〕 參何繼英主編：《上海明墓》，文物出版社 2009 年；何繼英：《上海明代墓葬概述》，《上海博物館集刊》，2002 年第 9 期。案，《上海明墓》封面圖片即此處提到的「木俑儀仗隊」。

〔註88〕 陸容：《菽園雜記》，卷十一。

　　《和漢三才圖會》「舟船」部分，共載圖版十七幅。其中，舼、艇、過書舟、上河船等，不載於《三才圖會》。如「艇」，良安引《釋名》曰：「小船而長，一二人所乘也。」〔註89〕如果僅以上引文，尚不能理解「艇」之用途。良安隨後辨析曰：「海舶常載小艇，行以備急，名遊艇。」據此，我們可以了解到：江戶時代的日本，諸多大型船隻航行中，皆備小船，以防急用，也就是現代所稱的「救生艇」；但江戶時代名之曰「遊艇」，又與當下「遊艇」語義判然有別。而過書舟、上河船、茶舟等名目皆為普通船隻，僅因功用、使用區域有別，而有不同名目，良安也提到「諸國亦有之，舟名目異而已」〔註90〕。另外，書中還載有舵、櫓、矴（即碇）、帆等四種船上用具（作者名之曰「船之用」），亦值得參閱。良安此卷還穿插「橋」類圖傳五，包括橋、矴、棧、舼、榷等。此類雖與交通工具相關，但屬於重要交通設施，列於此未必妥當〔註91〕。

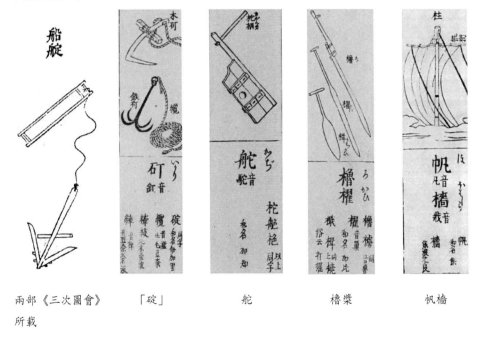

| 兩部《三次圖會》所載 | 「碇」 | 舵 | 櫓槳 | 帆檣 |

　　《和漢三才圖會》卷三十三為「車駕類」載各類「車輿」圖八幅，車四，輿轎四。輿轎中，輦、轝（輿）為無輪之車，筆者將其列入「輿轎」之中。

〔註89〕　寺島良安：《和漢三才圖會》，東京美術株式會社1970年，第412頁。
〔註90〕　寺島良安：《和漢三才圖會》，東京美術株式會社1970年，第413頁。
〔註91〕　如果將「橋」類置於「船之用」之後，當更加妥當。

相對上文所述，良安所載之「轎」形制極其簡陋，當爲普通人之代步工具，達官貴人是否乘坐可能性估計不大。

良安《和漢三才圖會》中還載有「乘物」一物。據傳文，此物當爲「輿」之精緻者，僅限於武家、僧醫、婦女等乘坐，普通老百姓不允許乘坐。同樣，編筵輿用大竹編製而成，形制、地位僅次於「轎輿」，亦供特殊人群乘用。良安此書中，車駕、馬飾等載圖二十三，諸多器物有詳細結構示意圖，可補《三才圖會》之闕。

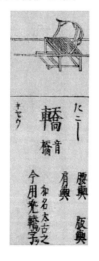

《和漢三才圖會》所載轎、乘物、指南車

《和漢三才圖會》所載馬銜、馬鞍、馬鐙、馬衣

四、兵器與刑器

　　兵、刑皆爲國家暴力武器，中國自古以來就有「兵刑同一」和「刑始於兵」的說法。「兵刑同一」，即戰爭與刑罰本質上相同。宋蔡襄《威福是守》一文，亦從君臣關係方面論述兵刑，其言曰：「威者兵刑，而福者恩賞之謂。是二者有一失而得於下者，其國必危；有公然而假於下者，國必亡……故兵刑，官賞之柄，雖大臣外戚、宗族宦官，皆不可假；假之，則人主失其操持而自取危殆也。」〔註92〕因此，我們這裏將兵、刑置於一處加以論述。

　　《三才圖會・器用》卷六至卷八爲「兵器類」，「刑具」則在「器用」卷十二之末。其所載兵器圖傳，多採自曾公亮《武經總要》、茅元儀《武備志》、戚繼光《紀效新書》等作品。《三才圖會》所載兵器又分成冷兵器與火器兩大類，而城戰武器（攻城、守城）又有其特殊性，因此亦單獨爲一類。現列表如下：

兵器大類	兵器小類	兵器名目	備註
冷兵器	格鬥長兵器	蒺藜、蒜頭、狼牙棒、鉤棒、提棒、杵棒、白棒、杬子棒、訶藜棒、搗馬突槍、大斧、曲刀、偃月刀、戟刀、筆刀、二郎刀、長腳鑽、雙鉤鎗、梭鎗、拐刃鎗、槌鎗、狼筅、棍、鉤鎌、銅叉、鐵扒、水扒、混天戳	
	格鬥短兵器	各式刀劍、鐵鞭、雙鐵鞭、鐵簡、鐵鏈夾棒	
	射遠兵器	各式弓箭、弓靫、魚服、各式弩機	
	防禦設施與武器	望樓、鹿角木、鐵蒺藜、鐵菱角、木櫃、夜叉櫃、車腳櫃	
	防護裝具	燕尾牌、挨牌、步兵旁牌、騎兵旁牌、立竹牌、立木牌、藤牌、狼牙拍	
	古兵器	干、戚、戈、揚、殳、決、拾	
	禮制器	羽矛、物旗、旞、獲旌、繡氅、太常、幢、黃麾、絳引旛、響節、金節、骨朵、鐙杖、吾杖、立瓜、臥瓜	
火器	爆炸性火器	砲車、各式砲、佛郎機、一窩蜂、天墜砲、地雷連鎗、火鷂、火球、迅雷砲、劍鎗、神機鎗、鳥銃	
	燃燒性火器	火箭、飛炬、鐵火床、行爐、飛天噴筒	

〔註92〕蔡襄：《端明集・箴》，載《莆陽居士蔡公文集》，卷九，宋刻本。

| 城戰器械 | 重武器 | 鐵撞木、下城絞車、頭車、掛搭緒棚、雲梯、榻疊橋 | |
| | 輕武器 | 鑽架、地湧神鎗、殺馬風鐮、繩梯、地道、上頭車梯 | |

　　整體觀之，《三才圖會》所載各類兵器，長短不分，功用混淆，古今混列，實戰與禮器同列，火器與金屬器同卷，皆屬缺點。不過，卷中所載弓箭、弩機、火炮、火銃、刀鎗、攻城器等不避繁複，花樣極多，據此，明朝時期冷兵器與火器使用均取得重大進展，射遠兵器、長兵器等遠距離或非近身式兵器大量使用，又體現戰爭軍事思想的調整與進步。城戰武器中，輕重武器皆備，攻防兵器俱在，亦體現中國兵器使用的特點與先進。

　　《和漢三才圖會》卷二十、卷二十一為兵器類，良安將所有兵器分成防備、征伐兩大類，是為一大特色。其中防備器中，將各類旗幟置首，隨之是盾牌、甲冑，鹿角木等屬守城器具，而巢車、風扇車、烽燧等亦皆以防守、預警為主。

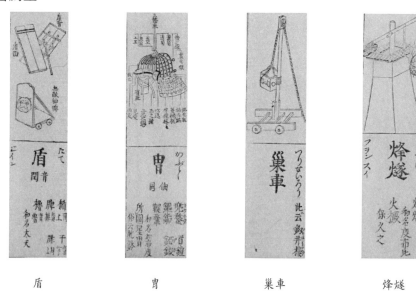

盾　　　　　　冑　　　　　　巢車　　　　　　烽燧

　　征伐兵器中，將火砲、地雷、火箭等火器置首，強調征伐戰爭中，火器作為遠距離攻擊武器的重要性；弓箭、刀劍、鎗矛、棍棒等長短兵器共載。其中最有特色者，在於作者列舉的日本刀，以供參考。「刀」圖傳部分，詳細說明日本刀的特點，良安還提到：「日本刀劍，異國無比之者，鋼鐵自然之妙也……天和二年，始有法式。武士挾大、小二腰，農工商輩可用短刀一腰。」

而「太刀」圖傳部分，提到太刀為日本將軍所佩兵器，普通人不得佩戴，圖版中還詳細列出太刀結構示意圖，以供參考。

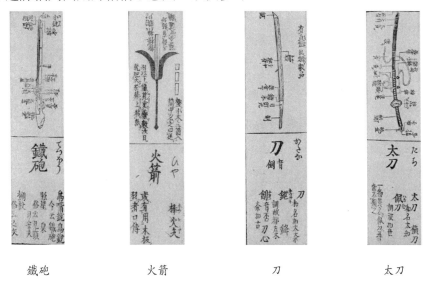

鐵砲　　　　　　　火箭　　　　　　　刀　　　　　　　太刀

兩部《三才圖會》中，皆提到刑罰器具。如《三才圖會》列舉刑具十圖，並列出名為《刑具說》的解說文字，可能參考了明王三聘《事物考・法律》[註 93] 的有關說明。《和漢三才圖會》與此類似，卷首先載政事、五刑、天竺四刑等條目，隨後是笞杖、流罪、鉗、桎、桍等刑罰，所用刑具亦相似。

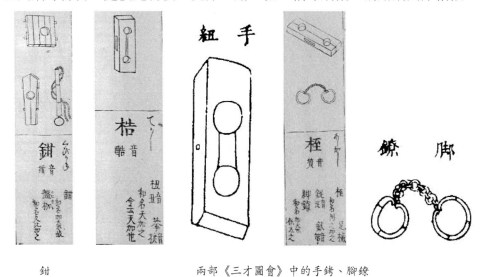

鉗　　　　　　　　兩部《三才圖會》中的手銬、腳鐐

〔註 93〕明嘉靖四十二年刻本。

五、日用「什器」

　　兩部《三才圖會》中有大量與日常飲食起居密切相關的器具，《三才圖會》「器物」卷十二名之曰「什器類」比較妥當，這裏暫借用之。

　　《三才圖會》首先列舉盛放小器物、小飾品的畚，隨後是筆、墨、紙、硯及硯滴、水中丞、筆架、切刀、孄架、書匣等文房用具。關於硯臺圖傳部分，王思義借鑒高濂《遵生八箋・燕閒清賞牋・中卷》〔註94〕一書，共節選二十二種，以便參考。如果日常起居可以用「衣、食、住、行、用」簡單劃分的話，「衣」在《三才圖會》「器用」卷中不涉及，而專門在「衣服」三卷中詳細介紹；「行」類在上述「交通工具」中已作說明。而食、住、用等類器具，皆有記載，現在列表如下：

日用什器大類	日用什器小類	器物名目	備註
飲食	「食」具	箸、匙、瓢、漏斗、釣升、提盒、提爐、梢箕、飯籮、番帚、鏟刀、銅杓、碗、碟	
	「酒」具	注子、酒帘、老瓦盆、杯	
	「茶」具	甌、茶盤、火爐、托子	
	「藥」具	缽盂、藥碾	
住居	「住」具	帳幄、屏風	
	「憩」具	牀、枕	
	「坐」具	杌、胡床、方椅、折疊椅、竹椅、圓椅、榻	
日用	「用」具	几、檯、卓（即桌）、剪刀、秤、杖、絹傘、雨傘、簾、梆圖、雲板、櫃、扇	
	「燈」具	提燈、燈籠、擎燈、書燈	
	「飾」具	梳、篦、刷	

〔註94〕明萬曆時期刻本。

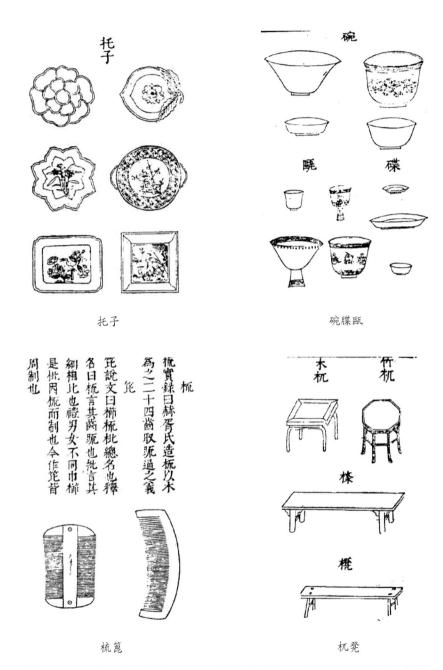

托子

碗楪甌

梳篦

机凳

相較而言，《和漢三才圖會》在日用「什器」方面則更爲豐富。其中，「人部」卷二十五、二十六、三十一、三十二的卷目分別爲容飾具、服玩具、庖廚具、家裝具，非常清楚地展示了日本人日常飲食起居的方方面面，這裏亦據上述飲食、住居、日用三分法加以簡述，以作表格如下：

日用什器大類	日用什器小類	器物名目
飲食	炒煎器	鏊、砂鍋
	烹煮器	鼎、釜、罐、鍋、缽
	盛食器	壺、盤、碟、杯、食盒、盆、杓、飯籮、籃、笊籬、甌
	水器	甕、桶
	茶器	偏提、銅罐、碾茶壺、茶碗、托子、茶筅、茶匙、茶杓、茶爐、手帕、焙籠
	酒器	鎗、瓶、罍、觴、盞、樽、酒檯子、檠子
	火器	竈、吹火筒、遞火、炭斗、火筋
住居	住具	幕、帷、幄、幔、帟、簾、斗帳、幌、障、屏風、黼扆
	憩具	牀、簞、藤筵、筵、疊席、薦、抱籠、湯婆、枕
	坐具	椅子、胡床、將几（即今之馬扎）、幾、凳、櫈
用具	用具	箱、櫃、廚、衣桁、葛籠、行李、巾箱、挾箱
	燈具	提燈、行燈、燈籠、燭臺、油瓶

通過分析以上兩表，可見中日兩國器具皆以飲食器具為主。飲食器中，中國似更注重食，而日本更注重飲，特別是茶、酒兩類飲品。「住居」用具中，日本出現許多保護隱私的器物，如幕、帷、幄、幔、帟、簾、斗帳、幌、障、屏風、黼扆等。

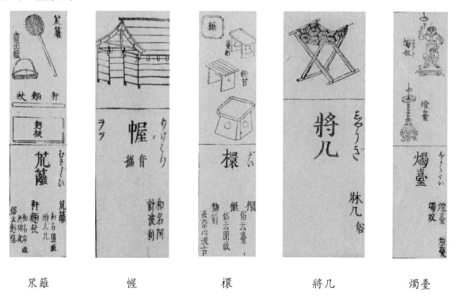

笊籬　　　　幄　　　　櫈　　　　將几　　　　燭臺

六、《三才圖會・器用・古器》與《和漢三才圖會》的宗教器

　　兩部《三才圖會》中，還各有部分內容屬於獨有，即《三才圖會・器用》卷一二之「古器」與《和漢三才圖會・人部》之「神祭（附佛供器）」，下面作簡單介紹。

　　《三才圖會》「古器」主要包括青銅器、玉器及其他金屬器。根據功能和用途區分，青銅器中包括食器、酒器、水器、量器、工具〔註95〕等種類。又，青銅器部分諸多器物，多採自王黼等編《宣和博古圖》等金石學作品。《博古圖》等皆按照器物功用、年代分期（以器形功用分類為經，以朝代歷史為緯），加以分類，而王氏節選、引用時，僅注意器形功用方面的分類，而完全忽視年代、分期等方面信息。「器用」卷二所載玉器，其種類主要以禮器、兵器、葬器、實用器、裝飾器、陳設器〔註96〕為主，另外還有度量衡、漏壺等金屬器。

　　《和漢三才圖會》「神祭」部分，共載日本佛教、神道教器物數種，包括鰐口、注連等懸掛器，高麗狗、幣帛、俎豆、簠簋、犧尊等陳設器，神樂鈴子等樂器，神主等供奉器，神酒、粢餅、稞米等祭品（見下圖）。

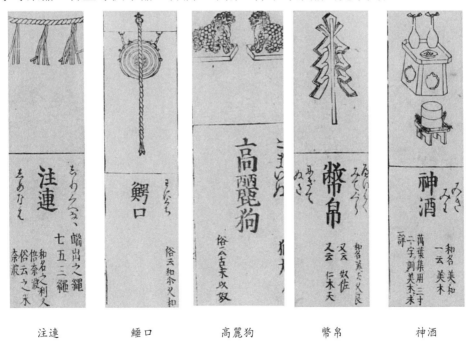

| 注連 | 鍾口 | 高麗狗 | 幣帛 | 神酒 |

〔註95〕　朱鳳瀚：《中國青銅器綜論》，上海古籍出版社20009年，第83～84頁。
〔註96〕　方澤：《中國玉器》，清華大學出版社2014年；常素霞：《中國玉器發展史》，科學出版社2009年；張明華：《古代玉器》，文物出版社2006年。

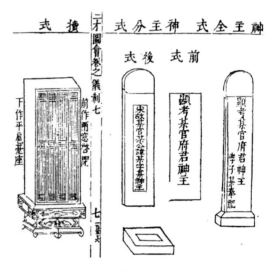

《和漢三才圖會・神祭・神主》　　　　《三才圖會・儀制・喪禮類・神主》

「佛供器」即日本佛教寺院所用法器、器具，結合鎌倉新書編《寺院用佛具事典》〔註97〕分類，寺島良安所載佛寺法器共有如下種類：佛龕、火舍等陳設器，華瓶、輪燭、銅缽、靈牌等儀式器，錫杖、雲板、木魚、寶螺等擊鳴法器，三鈷、數珠、如意、花蔓、天蓋、幡等裝飾品等。另外，窣堵坡、碑刻、下馬等皆屬石質佛教設施，而非佛具法器，列於此不甚妥當。

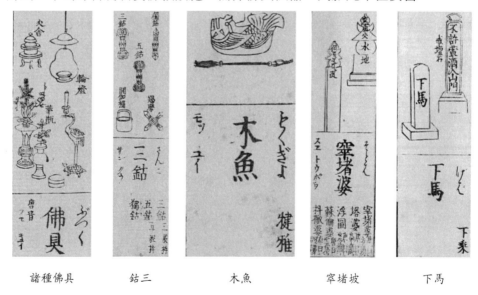

諸種佛具　　　　鈷三　　　　木魚　　　　窣堵坡　　　　下馬

─────────────────

〔註97〕 《寺院用佛具事典》，鎌倉新書株式會社 2003 年。

第三章　兩部《三才圖會》的百科知識
　　　　　與編輯特色（下）

第一節　《三才圖會‧人物》中的像傳

　　《三才圖會‧人物》共計十五卷（卷八有二，即「卷八」、「卷又八」），
正文載圖傳、世系圖，各類圖版六八一幅，為有明一代及明代之前傳記結
集與肖像資料庫。左文右像的「像傳體」是中國古代重要文獻門類，典型
作品除《三才圖會‧人物》外，還有清陸昶《歷朝名媛詩詞》〔註1〕、顏希
源《百美新詠圖傳》〔註2〕、顧沅《吳郡名賢圖傳贊》〔註3〕及《古聖賢像
傳略》〔註4〕、葉衍蘭與葉恭綽《清代學者象傳》〔註5〕等。關於葉氏《清
代學者象傳》一書，新加坡人何奕愷曾撰有《清代學者象傳研究》〔註6〕
一書，可茲參閱。

〔註1〕乾隆三十八年紅樹樓刻本。
〔註2〕乾隆五十七年刻本。又參趙厚均：《〈百美新詠圖傳〉考論——兼與劉精民、王
　　　英志同志商榷》，《學術界》，2010年第6期。
〔註3〕道光九年刻本。
〔註4〕道光十年刻本。
〔註5〕上海書店出版社2001年影印版。又，1989年上海古籍出版社曾影印出版，但
　　　圖版不清，質量較差，參考價值較低。
〔註6〕上海古籍出版社2010年出版。

《清代學者象傳》書影　　　顧沅《古聖賢像傳略》書影　　　顧沅《吳郡名賢圖傳贊》書影

除中國之外，日本亦多此類作品。除本書研究對象《和漢三才圖會》外，典型作品還有原義胤《先哲像傳》〔註7〕、河村敬一郎《近世正義人名像傳》〔註8〕、子安信成與石田溪岳編繪《近世遺勛高名像傳》〔註9〕、原田莊左衛門《三國英雄眞像傳》〔註10〕、井上円了《西洋賢哲像傳》〔註11〕、中島力造《泰西先哲像傳》〔註12〕、百鍊富岡鐵齋《近古賢哲相傳繪》〔註13〕等。

《先哲像傳·新井白石》　　　　　　　《先哲像傳·仲村惕齋》

〔註 7〕河內屋茂兵衛出版 1845 年。又載塚本哲三：《先哲像傳·近世畸人傳·百家琦
　　　　行傳》，有朋堂文庫之一種，有朋堂 1914 年。
〔註 8〕万屋兵四郎 1874 年。
〔註 9〕片山武兵衛 1880 年。
〔註 10〕博文堂 1894 年。
〔註 11〕哲學館 1900 年。
〔註 12〕目黑書店 1912 年。
〔註 13〕耕心學堂 1944 年。

一、《三才圖會・人物》像傳的研究視角

　　《三才圖會・人物》像傳，體例特殊，傳主量大，傳文龐雜，圖像豐富，我們可以從文獻學、史源學、肖像學、傳記學等多種視角，加以觀照與探索，進行多種專題研究。

　　本節主要總結「像傳」內容、編纂體例、圖文特點、傳記學價值。文獻學、史源學、肖像（圖像）學等方面的探討，我們分別將其放在後面章節進行詳細分析與研究。先將基本思路與研究方法略作交代，以供參考。

　　首先，關於文獻學視角。筆者主要採用史源學的理論與方法，對《人物》像傳部分的史料來源、價值進行考評，將傳文與其所據史料來源，進行細緻比較，探討《人物》像傳的史料取捨、加工之道。其次，關於肖像學視角。此視角所用方法與前述「文獻學」相同，考察目標則由文字變成肖像，論析《人物》像傳的肖像來源、圖像描摹、加工等方面情況。再次，圖像學、藝術史、視覺文化視角。借鑑西方藝術史、圖像學、視覺文化等學科的思想、理論與方法，展開多方面的分析與探索，是本書寫作的一個重要切入點。以《三才圖會・人物》為對象，分析圖像的描摹方式、藝術風格，總結其在人物畫創作史上的地位，總結「圖文體」（Iconotext）的編纂體例、史料採擷特點，進而梳理出中國傳世文獻「圖文體」的源流發展、特徵價值。當然，上述想法涉及面廣，資料獲取不易，筆者也只能略作探索。

二、《三才圖會・人物》像傳主要內容

　　據復旦大學圖書館古籍部藏本《三才圖會》，「人物」部分單獨一函〔註14〕，共計六冊，名曰「人物圖會」，則此部分具有一定獨立性。下面簡單介紹一下主要內容。

　　卷首為何爾復《序》。何《序》提到：「人物」部分，備載「上至帝王，下至裔夷，與夫仙釋、鬼神」〔註15〕等各類人物。圖即「丹青家之麟閣」，傳即「記事家之表傳」〔註16〕，雖多阿諛，仍陳述部分實情、概括《三才圖會》主要特色。

〔註14〕為第三函。
〔註15〕王圻：《三才圖會》，上海古籍出版社 1988 年，第 521 頁。
〔註16〕王圻：《三才圖會》，上海古籍出版社 1988 年，第 522 頁。

何爾復《三才圖會·人物·序》

概而言之，「人物」十五卷中，卷一至卷三，共計三卷，爲歷代帝王（直至王圻所在明朝神宗皇帝朱翊鈞）圖傳；卷四至卷又八，共計六卷，則爲歷代名人圖傳（直至明朝萬曆時期）。卷「又八」後半部分，則爲道統全圖、傳經圖，與前面帝王、名人圖傳不類，但與卷九佛教歷代宗師、三十三祖、十八羅漢圖傳，卷十道教神仙圖傳，卷十一歷代高道圖傳等，皆屬儒、釋、道三家圖傳。卷十二至卷十四爲明朝域外民族、國家圖傳，雖然許多內容涉及荒誕不經之說，從某種角度上，也反映了明朝人對域外世界的各種判斷與樸素認識，筆者擬撰專文加以分析，此處不再論列。

「人物」卷一主要記載神話傳說時期至秦朝末年國家、國王、皇帝圖傳。首載《歷代帝王傳授總圖》，簡約記載歷朝歷代鼎革、演變之序，圖左側「大明萬世」四字，僅能表達美好理想，而現實又幾經滄海桑田，令人扼腕歎息；無論如何，一圖在手，數千年歷史豁然開朗。次載神話時代神農、黃帝、伏羲、堯、舜等國王圖傳與世系圖。再次爲商周著名國王圖傳，春秋戰國各諸侯國世系圖，并以秦朝世系圖、項羽圖傳殿後。

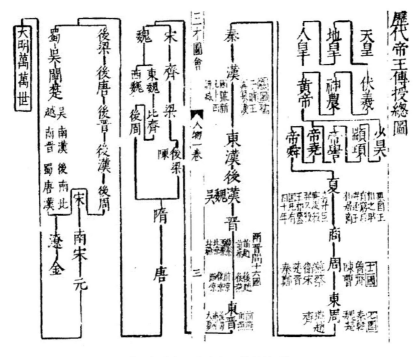

《三才圖會·歷代帝王傳授總圖》

　　整體觀之，此卷所記錄年代較遠，資料殘闕，且多訛誤。因此，所載盤古、天地人皇、伏羲、炎帝、黃帝，直至堯、舜、禹、啓、湯，以及周文、武、康諸王像圖，似據不同文獻，想像、描摹而成；或者明代後期，王圻或通過自己的收藏購買，或借閱抄寫，可以看到流傳至十六世紀的諸多圖譜或家譜作品，以資參考，亦未可知。我們將其當作明代所繪各類人物的肖像畫作品，具有一定藝術價值；至於這些作品的歷史與文獻價值，則另當別論。

　　此卷所載各類世系圖仍具有相當歷史與文獻價值。「五帝」、「黃帝」世系圖多屬於傳說時代，我們這裡暫且不作討論。商王、周王、春秋同姓諸侯、春秋異姓諸侯及戰國諸侯及秦國、秦朝等三十幅世系圖，將商周至秦世系傳承、國家分合等方面信息加以分類、歸納與整理，具有重要參考價值。

　　另外，以「人物」卷一、卷四等爲例，傳文部分採用重要人物一圖一小傳，次要人物採用人名爲正文、小傳爲小字注文的形式，集中論列，以備查考，此亦「人物」傳文的重要特色。

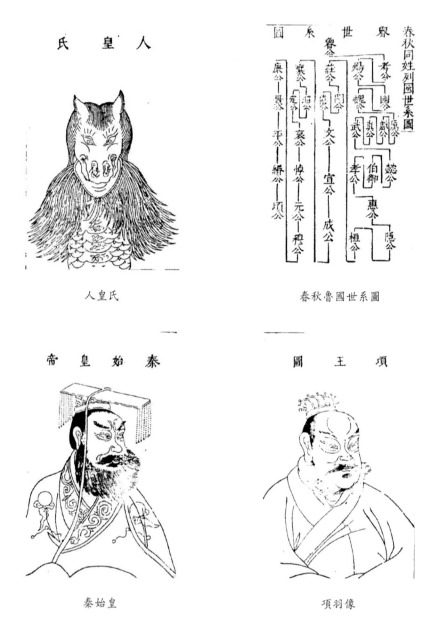

人皇氏

春秋魯國世系圖

秦始皇

項羽像

　　「人物」卷二、卷三，分別記述漢唐、五代至明各重要帝王像傳。卷二所載漢唐帝王中，按照世系置首，重要帝王像、朝代小傳、帝王小傳居中，篡位改元殿後之序，論列有關人物像傳。隋、唐、宋、遼、金時期與此相同。卷三元朝部分，值得注意。此部分首爲元世系圖、元世祖像，此爲歷代帝王小傳，元季僭僞改元的七人及畫像居末。

元世祖像（忽必烈）　　　　　　明太祖高皇帝像（朱元璋）

　　卷四至卷「又八」等六卷篇幅中，詳細記載自倉頡、后稷等神話人物，直至萬曆年間政治人物徐階、海瑞等人像傳。所記人物，涉及學術（如孔子、孟子、顏師古、孔穎達、眞西山）、政治（曹參、鄧禹、諸葛亮、王導、房玄齡、宋璟、趙普、耶律楚材、夏言、周忱、徐階、海瑞）、軍事（韓信、馬援、關羽、韓擒虎、李靖、郭子儀、岳飛）、史學（如司馬遷、姚思廉、司馬光）、哲學（董仲舒、王通、陳亮、張載、周敦頤、王守仁）、文學（揚雄、謝靈運、李白、杜甫、柳宗元、白樂天、蘇軾）、藝術（蔡邕、王羲之、虞世南、米芾、趙孟頫）等諸多領域。特別值得注意的是：至明代名人部分，王圻不再直稱其名，而皆以謚號或字號代表，以示恭敬之意。

先聖（孔子）世系家譜　　　　　　韓信像

　　卷「又八」後半部分，則為道統全圖、傳經圖，此與人物像傳體例整體不相契合。如《道統總圖》所示，上自伏羲、神農、皇帝、堯、舜、禹、商湯、周文武王、周公、孔子，下至宋代程子、邵子、朱子，以迄黃幹、何基、王柏、金履祥等，是中國古代「道統」的傳承脈絡。而「傳經圖」不僅是歷代經學傳承的重要展示，還是中國學術及諸多學科的傳承順序，值得重視。

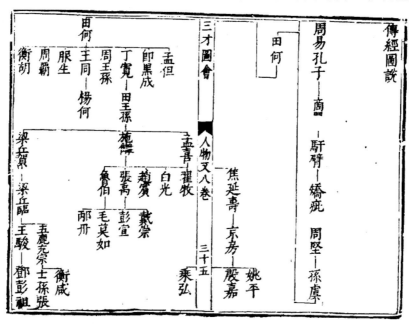

《傳經圖說・周易》

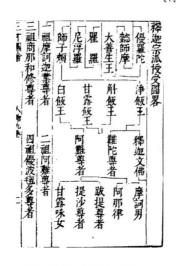

釋迦宗派授受圖略（局部）

西王母

　　卷九爲佛教歷代宗師、三十三祖、十八羅漢圖傳，卷十道教神仙圖傳，卷十一歷代高道圖傳等，皆屬儒、道圖傳。廣涉神仙傳說、宗師、高僧、高道等，雖多虛構，但記錄宗教傳承歷史，亦可參論。卷十二、十三、十四爲明朝域外民族、國家圖傳，與「地理」卷十三部分相似，反映了明朝人對外部世界的基本判斷與模糊看法。

三、《三才圖會·人物》像傳編纂特點

　　關於《三才圖會·人物》的編纂特點，我們這裏主要以傳文爲主，進行分析，插圖部分略作介紹。具體言之，《三才圖會·人物》共有如下特點：

（一）「人物」部分按照「帝王—名人→道統—傳經→釋道—域外」之序，即「人—經—教—夷」的編排思路，配置圖傳

　　「帝王」、「名人」部分，屬於「人」之部（即人物像傳）。前者卷首《歷代帝王傳授總圖》，簡約記載歷朝歷代鼎革、演變之序；帝王部分，則從神話時代直至明朝萬曆年間，世系爲先，以明傳承之序；再列帝王，以現重要皇帝豐功偉績。「名人」部分皆取「名臣」名義，以所在朝代、生卒年月爲序，加以論列。同樣，重要者一圖一傳，次要者有傳無圖。

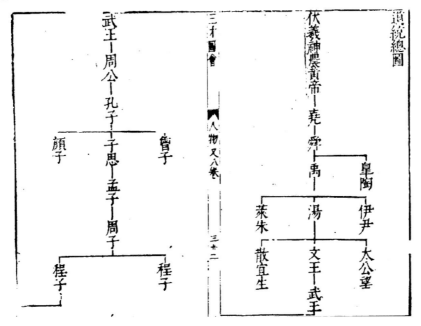

《道統總圖》（局部）

　　《尙書‧虞書‧大禹謨》曰：「人心惟危，道心惟微，惟精惟一，允執厥中。」〔註17〕此「十六字心法」，乃中華文化「道統」之根。唐韓愈認爲，儒家具有一以貫之、異於佛老之「道」（《原道》），至南宋時期，朱熹則形成完整「道統」之說（《與陸子靜》）。《道統總圖》爲明代知識分子與精英貴族心目中，傳承「道統」的重要世系，從某種意義上講，此傳承序列比古代中國帝王世襲、朝代鼎革更加重要，因此單列表傳，以示重視。

　　「經」與「經學」不僅是中國古代學術重要研究對象與關鍵傳承載體，更是中世紀中國的「意識形態」〔註18〕，如果從西漢武帝時期「罷黜百家，獨尊儒術」開始，「經」、「經學」、「傳經」等學術，影響中國長達兩千餘年。另外，卷「又八」部分單獨列出《傳經圖說》，共包括《周易》、《尙書》、《詩經》等十六經傳承譜傳。

　　釋、道兩教在中華文明傳承發展過程中，具有極其重要的地位。儒與經高居統治學說、意識形態的地位，釋、道兩家，則虛與委蛇於其中，若即若離，不離不棄，直至宋代，完成釋、道與儒、經合流之業，產生「理學」。但釋、道仍不能與儒、經相提並論，只能退居次席，王圻將其置於道統、經術之後，即源於這種思想。而相對於中央王朝的明朝來說，四鄰之境皆爲蠻夷、外族，「人物」部分將其殿後，亦屬順理成章。

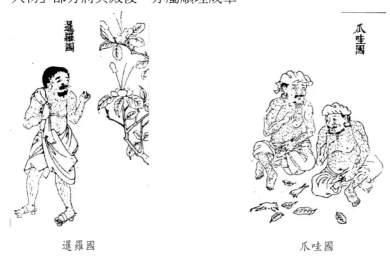

暹羅國　　　　　　　　　　　　爪哇國

〔註17〕載阮元等：《十三經注疏‧尚書正義》，中華書局 1980 年，第 136 頁。

〔註18〕參朱維錚先生：《中國經學史十講》，復旦大學出版社 2002 年。又，朱先生老師周予同先生亦提到：「中國經典的本質，不僅是學術的，而且是宗教的，尤其是政治的」。（《治經與治史》，載《周予同經學史論著選集》，上海人民出版社 1983 年，第 621 頁）。

（二）「國朝」、「皇朝」人物圖傳，圖版並有淵源，傳文亦有所本，去取謹慎，據實記載

關於「皇朝」人物，《三才圖會・凡例》中有一條述及，其文曰：「人物，本朝御容僅三聖、名臣二十餘公，據家藏舊本。餘缺者，不敢妄貌。」〔註19〕據此，圖版部分，皇朝帝王僅載太祖、成祖、世宗三帝，名臣二十餘人。如上君臣肖像圖版，據王圻自己珍藏的圖書或家譜類作品描摹而成，寧缺毋濫，態度謹嚴，體現了編纂者嚴謹、誠實、謹慎的風格。

（明）世宗肅皇帝（朱厚熜）像

（明）徐文貞（階）公像

傳文部分，建文帝（君）、英宗、景帝等帝王，皆有敘述。名人部分，選取原則僅限「名臣」，文學、藝術、宗教等方面名人則闕而未載；以謚號、字號代稱所選「名臣」，未直呼其名，以示尊崇。

「皇朝帝王」部分志首的《皇明帝系圖》，亦有特色，值得注意。此圖以開國皇帝朱元璋先祖為中心，高、曾、祖、父「九族」之上四族單列一圖，明太祖朱元璋至神宗朱翊鈞單獨一系，且詳細標識重要皇子的姓名。另外，後圖中，「太祖」諸子中，「成祖」之名字號較大，表示王圻萬曆時期認可的帝王世系情況；與此同時，成祖之兄、懿文太子朱標與其他諸皇子皆小字標示。朱標之子，也就是歷史上的建文帝朱允炆，則與「成祖」相同字號標示，且標其名號曰「建文君」（明朝帝王小傳中，太祖後、成祖前亦載「建文帝」傳記，而不再稱呼「建文君」），以現當時的歷史及判斷。與此類似，明宣宗之子景帝、英宗兩個皇帝，亦赫然並列，以載史實。

〔註19〕王圻：《三才圖會》，上海古籍出版社 1988 年，第 11 頁。

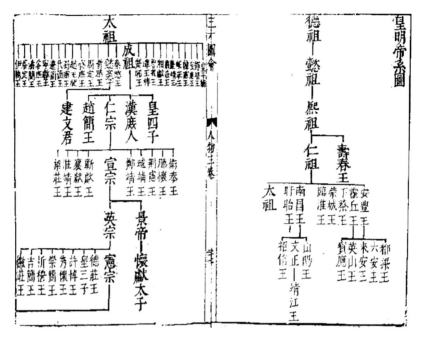

皇明帝系圖（局部）

（三）「帝王」部分，尊正朔，述變統〔註20〕，道僭偽，體現明朝獨特的正統觀

柴德賡先生曰：「平情稱量正統思想影響中國歷史者，一曰謀國家統一，一曰嚴夷夏之大防。」〔註21〕柴先生主要強調了統一或大一統與漢族政權是「正統」的根本。而明方孝孺有《釋統》一文，其提到：天下有正統三，變統三。三代為正統，漢、唐、宋可附於正統；取天下不正、夷狄僭中國、女后據地位為變統，即「有天下而不可比者三：篡臣也，賊名也，夷狄也」之義。正統、變統皆重要，變統更可為歷史之戒，亦即方氏「二統立，而勸戒之道明」、「立變統所以扶人極」之義。王圻《三才圖會‧人物》「帝王」圖傳部分，則不僅體現此種正統觀，還略作變通，下面略作介紹。

卷二「三國」部分，世系、肖像及傳文部分，皆將蜀置首，以定正朔，魏吳殿後，以明史實。蜀漢劉備等皇帝，為漢代帝王之後，又自認上承天意、下安黎民，授受有序，因此東晉習鑿齒《晉承漢統論》、南宋朱熹《通鑑綱目》等數書中，將其定為朝代正統，王圻因之。不過，《三才圖會》有關傳文中，仍有

〔註20〕 宋代學者章望之名曰「霸統」。
〔註21〕 柴德賡：《四庫提要直正統觀念》，載《史學叢考》，中華書局 1982 年，第 199 頁。

特殊之處。王圻雖尊蜀為正統，且置於首位，但僅給予魏國建立者文帝之父曹操傳記之位，其列傳目的，正如傳文提到，「挾天子以令諸侯，自比周文王」、「開曹氏篡亂之禍」，充滿了慨歎正統淪喪、篡亂為禍患之源的歷史警戒之意。

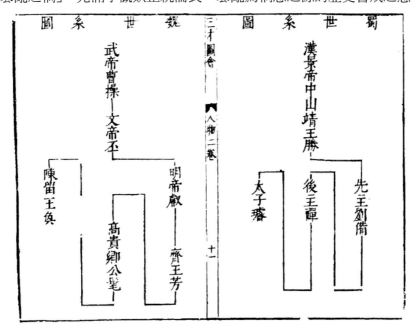

（三國）蜀世系圖〔註22〕、魏世系圖

與此類似，西晉、東晉置首，為正朔、正統，圖版僅列晉武帝、元帝兩開國帝君二像。傳文部分，僅將司馬炎之父祖司馬懿、司馬師、司馬昭等傳，單獨列出，其用意與書寫曹操、曹丕等人開「篡亂之禍」相同，充滿勸誡之意。五胡亂華屬於「夷狄僭中國」，十六國則「取天下不正」，皆屬變統，王圻以國為綱，以開國之君為目，加以敘述，置於正統王朝之末。

所纂南北朝像傳部分，亦有差異。圖版部分，先列《南北朝瓜分總圖》，概觀公元 420 年至 589 年一百七十年的朝代分合、歷史變遷；次採用分朝列世系、圖版的順序，列出宋、齊、梁、陳連續四朝代的帝王傳承世系、開國與有為之君之圖。與上述正統觀相同，王圻亦尊宋、齊、梁、陳等南朝諸國為正朔，而元魏（北魏）、西魏、北齊、後周等北朝政權置後，無世系圖，亦無帝王肖像之圖。「五代十國」編纂方法與南北朝完全相同，以統治中原地區的五代為王朝正朔，而將「十國」在內的十三國定性為「僭偽」勢力。

〔註22〕此圖特別強調劉備之祖劉勝之名（《蜀世系圖》顯示為「漢景帝中山靖王勝」）。

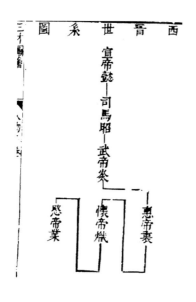

西晉世系圖

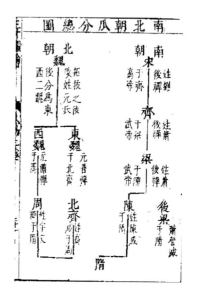

南北朝瓜分總圖

　　與方孝孺所述不同，王圻將武則天列入唐代帝王之列，但正文中未出現「周」或「武周」國號。具體說來，王圻於「唐太宗像」之後，列出「則天皇后像」（頭戴鳳冠，而非皇冠，身著朝服。且圖版中，並未載唐高宗像，太宗之後為則天皇后、玄宗、德宗等肖像），傳文部分亦載武后之傳，名之曰「武氏」，位於高宗、中宗之間。

唐武則天皇后像

秦末諸國、項王分王諸將

　　總體來看，帝王圖傳部分，具有正統為主、變統為支、「僭偽」為殿的特點。因此，「僭偽改元」不僅是人物像傳重要組成部分，更體現出獨特之處：首先，「僭偽改元」之傳，自兩漢開始，秦末則未列入其中。秦朝時期，王圻先列《秦末諸國》，載陳勝、吳廣等農民起義力量建立之國，田儋、項羽等七國之後所建之國；隨後為項氏分封諸將，包括衛王吳芮、臨江王共敖、西魏王魏豹、燕王臧荼、漢王劉邦等。其次，國家分裂時期，蠻夷竊據中國為變統，朝代國家內分割、篡權、造反勢力則變成「真正」的「僭偽」力量。如南北朝本為分裂時期，除載南朝四國為正朔、北朝諸國為變統外，王圻以「南北朝僭偽改元二十四人」殿後。仔細觀察此二十四人，皆屬於一朝或一國之內造反、分裂與篡權勢力；同樣，兩漢、隋、唐、宋、元等一統時代，「僭偽改元」更以造反、分裂、割據勢力為主。隋末劉武周趁亂自立，並接受突厥「定楊可汗」〔註 23〕之號；宋末劉豫、張邦昌等，不僅割據，還接受金國封號、國號，皆應置入「僭偽」之列，此即徐光所謂「臣以陛下為憂腹心之患，而何暇更憂四支」〔註 24〕、「攘外必先安內」〔註 25〕之義。再次，先屬「僭偽」後成一統帝業者，不現於「僭偽改元」行列。如「元季僭偽改元」共列朱光師、韓林兒、徐真一、陳友諒、陳理、張九四、明玉珍七人，此為元末農民起義或分列割據的主要力量，而劉福通未包括在內，朱元璋作為明朝開國皇帝，更不可能包括在內；曹丕、司馬炎、楊堅、趙匡胤等所謂「受禪」之君不包括在內，這就是「成者王侯敗者賊」的道理。

（四）、人物排列方式與傳文體例，皆有特點

　　上述第一點已簡單述及，這裡我們詳細加以分析。《三才圖會》「人物」部分，共分成帝王、名人、僧道等三大類〔註 26〕。

〔註 23〕 王圻《三才圖會》名之曰「定陽可汗」，第 564 頁。

〔註 24〕 〔南北朝〕崔鴻：《十六國春秋·石弘傳》，卷十四，《後趙錄》四，名萬曆刻本。

〔註 25〕 明王心一有《攘外必先安內疏》，載氏撰《蘭雪堂集》，卷一，清乾隆時期刻本；而明溫純《西蜀危急難支海內動搖可慮懇乞聖明亟停礦稅以固邦本以銷亂形疏（總憲）》則曰：「此所為以德澤為戈矛，以民情為金湯，而攘外必先安內之大機括也。」載氏撰《溫恭毅集》，卷五，清文淵閣四庫全書本。

〔註 26〕 「人物」卷十三、卷十四為域外民族、國家圖傳，非具體某人之傳，需要注意。

魏始文帝丕纂漢自立終元常甲申五王共四十五年

司馬炎纂位滅之曹孫小子阿瞞沛國譙人匕兒曹騰子丕

養子夏侯嵩之子冒姓董卓擊黃巾賊迎獻帝都許為大將

軍封武平侯進位丞相封魏公加九錫進爵為王遂挾

天子令諸侯自此周文王云頌軍樣仲長統作損益篇

令諸王降爵削土稍稍割奪淺其根本輕其恩義不可

授之以柄帝納之而開曹氏纂亂之禍

文帝姓曹名丕操子也制漢權世後世受禪以土德王漢火德以篡受禪以黃以改元者一黃都

帝芳生史彌邵亂之原明帝常養子班

「三國魏帝王傳記」（局部）

由於載有《世系圖》，因此「帝王」部分皆以帝王更替、嫡系傳承的序列為主，登載圖像，備載小傳。而以一統、「禪讓」、纂權、異動為輔，亦列圖傳。其中，秦始皇、趙匡胤等屬於一統形式。曹丕、司馬炎、楊堅、趙匡胤等屬所謂「禪讓」形式；此類「禪讓」，又必列「禪讓」之前父祖之傳，如魏文帝前載曹操小傳，晉武帝前載司馬懿、司馬師、司馬昭事略；此種做法，既彰顯父祖之功，亦載「禪讓」纂奪之實，亦體現王圻編纂過程中的匠心獨具與微言大義。王莽雖置於西漢帝王傳文中，既屬「禪讓」、又屬纂權形式。項羽、明朝景帝與英宗二帝，則屬於帝位異動形式，二帝傳皆載。

李藥師（靖）像

朱晦庵（熹）像

　　名人像傳可分「一圖一傳式」、「卷末總傳式」兩種編纂方式。其中，一圖一傳部分，主要按照朝代之綱、生卒之目排列，而各朝代編纂體例，有所差異。如先秦商周像傳，主要以伊尹、周公、召公等名臣爲主。戰國時期儒學興起，因此側重學術，主要記載孔子及門人、諸子百家等人。唐代像傳部分，則主要突出「名臣」（文治武功）之義，主要記錄唐代著名政治家、軍事家圖傳，李白、杜甫、韓愈、白樂天以及陸贄等文學家、哲學家較少列出。宋代像傳部分，亦以「名臣」爲目，除載范仲淹、富弼、文彥博、李綱等政治家圖傳外，更以陳亮、陸九淵、呂東萊、朱晦庵、邵雍、張載等哲學名家爲主，蘇軾、米芾、黃庭堅等文藝名家爲輔，此充分展示了兩宋時期「文治」、「斯文」〔註27〕、「內向」〔註28〕與人文鼎盛的時代特徵。

　　同樣，王圻所在明朝人物像傳，除開國名臣外，亦主要以政治家等「文治」名臣爲主，「武功」之臣極少見，僅載山雲、楊洪等數人。另外，卷八所載方孝孺圖傳，值得重視。其圖名「方希直像」，據肖像補、帶所示，似爲六品文官之像，是否爲方孝孺漢中府學時之像，仍需探索。傳文部分，又記載靖難之役、成祖登基對峙、不屈甚至被剷除十族時的慘狀，令人扼腕歎息。

方孝孺圖傳

〔註27〕此採用包弼德之說，詳參氏撰、劉寧譯：《斯文：唐宋思想的轉型》，江蘇人民出版社 2001 年。
〔註28〕此採用劉子健先生之說，詳參氏撰、趙冬梅譯：《中國轉向內在——兩宋之際的文化內向》，江蘇人民出版社 2002 年。

　　釋、道部分，主要採集流傳有序、文獻可靠、圖版有存之宗師高道，體
例與線索較爲清晰。關於此部分編輯體例，王圻《三才圖會・凡例》曰：「仙、
釋二家，雜見諸書。今取其稍信而可圖者，餘俱不載。」〔註29〕據此，王氏
主要強調「稍信」（可信）與「可圖」（可繪圖）。

　　其中，佛教部分載佛祖釋迦牟尼及三十三祖（歷代宗師）像傳，其中達
摩至慧能爲東土佛教之祖，以上傳文部分，似多採自宋釋道原《景德傳燈錄》、
元釋覺岸《釋氏稽古略》等釋教作品。「十八羅漢尊者」傳文部分，皆標明作
者，其主要引自蘇軾《十八大阿羅漢頌》〔註30〕、王世貞《演蘇眉山十八羅
漢偈》〔註31〕等作品。以上兩部分圖版情況，此不俱述。又，道教諸神仙、
高道圖傳部分，多引自《神仙傳》等作品，圖版來源亦需重新調查。而人物
排序方面，王圻將神仙置前，高道置後，略依年代作簡單劃分，並無明晰體
例。

二祖阿難尊者

弘忍大師

〔註29〕 王圻：《三才圖會》，上海古籍出版社 1988 年，第 11 頁。
〔註30〕 蘇軾：《蘇文忠公全集・東坡後集・釋教二十五首》，卷二十，明成化刻本。
〔註31〕 王世貞：《弇州山人四部續稿・文部・偈》，卷一百四十五，清文淵閣四庫全
　　　　書本。

孫思邈

張三豐

第二節　兩部《三才圖會》對「人體」的分類描述

　　《三才圖會・身體》、《和漢三才圖會・人部》皆載有數量不菲的中醫類圖傳，在這裏我們略作簡單介紹。

　　我國古代圖表類中醫作品由來已久，早期典型作品有馬王堆漢墓出土的導引圖。隨後，歷代皆有圖表類醫學作品，如《隋書・經籍志》中僅以「圖」命名〔註32〕者，即達二十二種，其內容則以本草、針灸、診斷與解剖為主。唐、宋、元、明時期更是圖表類醫書大發展時期，本草類作品即有唐蘇敬《新修本草》、宋蘇頌《本草圖經》、明李時珍《本草綱目》，針灸類則有宋王惟一《銅人腧穴針灸圖經》，診斷類則有宋施發《察病指南》、元杜本《敖氏傷寒金鏡錄》、明張世賢《圖注王叔和脈訣》、明陳實功《外科正宗》等，而張景岳《類經圖翼》、《附翼》、曾恒德《洗冤錄表》等作品，則採用圖注、表解方式，對意義艱澀、難以理解之處，加以形象化展示〔註33〕。兩部《三才圖會》「身體」或「人部」所載中醫圖表類作品，與上述作品皆有直接或間接的淵源關係。

〔註32〕具體包括圖經、圖論、圖說、圖注、圖翼、圖解、圖表、表解等多種形式。
〔註33〕參譚學林：《中醫文獻問題的分類辨析》，《貴陽中醫學院學報》，1985 年第 2 期。

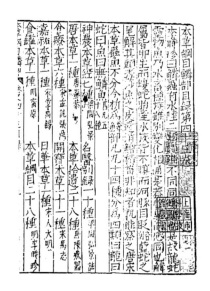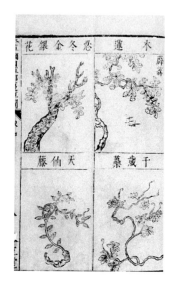

萬曆十八年金陵版《本草綱目》書影　　　　金陵版《本草綱目》藥圖

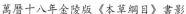

一、兩部《三才圖會》「身體」部分主要內容

《三才圖會》有「身體」一目，共計七卷，前六卷爲中醫臟腑、脈學、診斷、瘡瘍等方面的圖傳作品，卷七卷目下標爲「人相」，換言之，此部分爲相面術（相術之一種）類作品。

卷一、卷二主要以記述「五臟六腑」爲主。以心、肝爲例，略作介紹。卷一「心」部分，共列各類圖表九幅，其中《心圖》、《心包絡圖》屬於解剖線描的略形圖，《心經諸穴圖》、《心包絡經諸穴位圖》屬於示意圖，《心臟之圖》、《心脈之圖》、《心肺在膈上圖》等屬於餅式示意圖，《心脈見於三部之圖》屬簡易示意圖，《心神圖》則屬繪畫作品。以上九圖傳文部分，主要以引用《靈樞經》（《本藏篇》、《本輪篇》、《邪客篇》）、《難經》（《三十二難》）等經典作品引文，及相關歌訣組成。卷二「肝」部分亦由八圖組成，《肝圖》、《肝有兩葉圖》屬於解剖線描略形圖，《肝經諸穴圖》屬於示意圖，《肝臟之圖》、《肝脈之圖》等屬於餅式示意圖，《肝脈見於三部之圖》、《肝脈色象浮沉圖》屬簡易示意圖，《肝神圖》則屬繪畫作品。其傳文部分，亦引自《靈樞經》、《難經》等。

上述臟腑方面圖文呼應形式的作品還有很多，如筆者整理李中梓的《醫宗必讀》〔註34〕、張介賓的《類經附翼》等作品，都是圖文合排、便於學習、便於參考的重要著作，讀者自可查閱。

〔註34〕何立民整理：《李中梓集‧李中立集‧李延昰集》，復旦大學出版社 2019 年。

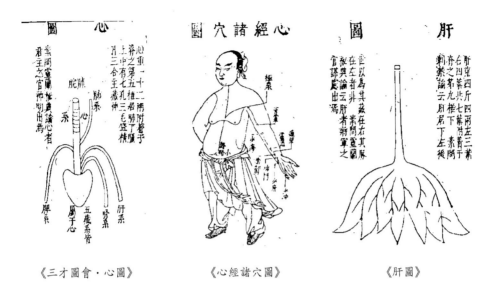

《三才圖會·心圖》　　　　《心經諸穴圖》　　　　《肝圖》

　　卷三、卷四前半爲脈學作品，主要介紹寸口（及寸、關、尺三部）脈學有關知識（三部九候等法，亦以寸口爲主要對象），涉及脈學中診脈時間、方法及病因、症候、病勢等多個方面，傳文主要採自《難經》。

　　卷四前部分半爲「七表」、「八裏」及「五藏脈症病圖」、「五藏上脈圖」等圖傳，亦爲脈學作品中闡釋脈象的內容，所附多種圖版以圖文對照形式，便於理解和吸收。卷四「五臟絕死圖」至卷末及卷五皆爲臟象部分，亦以圖文互映形式，介紹臟腑生理、病理所表之象。卷六內容屬於中醫外科學中「瘡瘍」範圍，此卷共列舉三十六種瘡症之圖，傳文部分以分別加以描寫與闡釋。

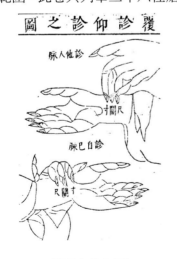

《覆診仰診之圖》

《冷疳瘡圖》

　　《漢書·藝文志》曰：「醫經者，原人血脈、經落、骨髓、陰陽、表裏，以起百病之本，死生之分。」因此，《和漢三才圖會·人部》卷十一首列「經絡部」（卷十二為「支體部」）。此卷採用「統─分─統」記述方式，首先列「五臟六腑」、「氣血」、「銅人形（明堂）」等條目，總體介紹人體臟腑經絡簡況，隨後結合五臟六腑等臟器，詳細敘述十二經脈、十二經合、奇經八脈（督、任、陰蹻、陽蹻、陽維、陰維、衝脈、帶脈）等經絡，並將各有關經脈所述穴位詳加論述；隨後列「三部九候脈」（又稱遍診，為古代脈診方法之一，按切全身動脈，以體察經絡氣血運行情況，從而診斷疾患的脈診方法。切脈部位有頭、手、足等上、中、下三部，每部又分天、地、人三候，共九候）。卷末又附「人身處處骨度」、「指同身寸法」、「人身有九門」等條目，與前述內容不洽。卷十二「支體部」以頭顱、手足等器官為主，兼列胸、乳、腹、背、腰、且、也等人體組成部分。

《和漢三才圖會》所載「小腸圖」、「腎圖」、「陰蹻八脈」、「頭圖」

二、兩部《三才圖會》「身體」部分的編纂特點

　　首先，兩部《三才圖會》「身體」圖傳部分，門類齊備，架構合理。中醫藥學博大精深，文獻浩如煙海，在大量文獻中，篩選出類別適中、文獻妥當的圖傳內容，體現了王思義、寺島良安等人的眼光與卓識。如果以鄭樵《通志·藝文略》所載醫藥文獻分類為準的話，在有限篇幅內，兩部《三才圖會》

「身體」所載內容，已涉及脈經、明堂（針灸）、五藏、病源、傷寒、瘡腫、婦科七個門類〔註35〕。

　　如上七個門類的中醫文獻中，王思義與寺島良安亦非平均用力，而是作了靈活剪裁與調整。如同樣是「臟腑」部分，王思義在兩卷的篇幅內，以圖、表、經典文獻、歌訣等方式，整體而全面展現臟腑與經絡內容。圖版中添加的結構示意圖、簡短注文，歌訣中所載註解，使略顯單薄的正文或歌訣更加豐滿，可在有限空間內，準確而又詳細地展示有關內容。

　　寺島良安更是簡練，其以圖版置首，輔以臟腑異名、考釋、用藥、經絡、穴位等架構，合理安排有關內容。其關於經絡、穴位的敘述中，緊扣穴位、針灸下針注意事項等方面，既簡練表述穴位準確位置，又簡約標示穴位取位要領、針法施針的注意事項等，有明顯創見。

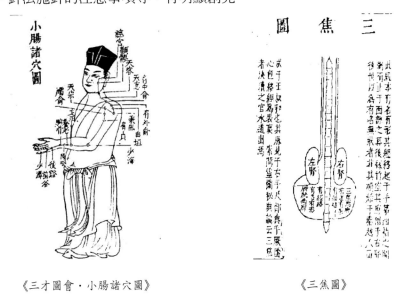

《三才圖會·小腸諸穴圖》　　　　　　　　《三焦圖》

　　其次，兩部《三才圖會》「身體」傳文部分，借鑑經典，詳略得宜，剪裁得當。以《三才圖會》所載「腎」、「七表八裏」、「婦人有妊歌」、「火赤瘡」及《和漢三才圖會》「頭」、「旋毛」等條目為例，略作分析。

〔註35〕兩部《三才圖會》所載本草類內容，則又涵蓋鄭樵所提到的本草音、本草圖、本草用藥、採藥、炮灸、方書、單方、胡方、傷寒、雜病、食經、香薰、粉澤等十三個門類。下文有詳細解說，可參。

《腎獨有兩圖》

《腎脈見於三部之圖》

「腎」傳文部分，分散文與詩歌形式，與圖版所示，緊密相扣。其中，散文內容分別引自《素問》、《靈樞》、《難經》與《雲笈七籤》等中醫經典與道教文獻，引《素問》、《靈樞》者主要說明腎臟特徵、結構、功能、病理，引《難經》說明腎臟特性及「命門」命名之由，引《雲笈七籤》說明「腎神」。歌訣部分，主要包括《腎經諸穴歌》、《腎臟歌》、《腎脈見三部歌》及《腎脈歌》。這些歌訣皆為便於記誦而作，內容則涉及腎臟經絡、穴位、脈象，以及生理、病理、病症等諸多方面，歌訣所載小字注文部分，更加便於記誦、理解歌訣內容，亦是重要的組成部分。

《診婦人有妊之圖》

《火赤瘄圖》

　　又如卷四「七表八裏」部分，其中《七表八裏總論》一文，節選自明代正德時期著名醫學家張世賢的《圖注脈訣辨眞》（卷三；或名《圖注難經脈訣》）一書，權威論述「七表八裏」的情況，無拖沓冗長之感。卷五有「診婦人有妊之圖」及「診婦人有妊歌」，其中歌訣部分，參考元戴啓宗《脈訣刊誤》〔註36〕，而選自張世賢《圖經脈訣辨眞》〔註37〕，王氏直接引用，未作更正。此歌訣爲七言古詩體，通篇二十二句，卻涵蓋孕婦生理特徵、孕育原理、脈象表現、男女脈象差異等諸多方面內容，可爲孕婦診療之據。卷六有「火赤瘡」一條，傳文非常簡短，僅有三行。詳細解讀其內容〔註38〕，共分成瘡瘍的病源、病癥、治法等三部分，而「治法」中，又詳細說明醫方信息、施藥順序、注意事項等方面，值得注意。

　　《和漢三才圖會》卷十二「支體部」首條即「頭」，傳文部分亦有特色。此傳文更分四段：首段介紹「頭」字字形演變情況（由象形字變成形聲字），次段介紹頭骨之名，三四段則分別說明男女頭骨片數、直縫或橫縫情況，以廣見聞。在這裏，寺島良安不僅說明漢字源流，還說明頭骨（及頭骨內大腦等器官）的解剖學結構與特徵，這也進一步體現日本江戶時代醫學受蘭學等學問的影響，更加重視目驗、實驗、調查等方面的樸學與實學特徵。至於男女頭骨片數、縫隙等方面，是否有作者所述之別，當由醫學界的專家來回答，我們這裏的引述，至少能起到廣見聞的作用。又，此條目傳文中，寺島良安僅在最後的部分，引用《五雜組》「無頭」人「近於妖」之行，以爲旁證，或爲談資。

　　《和漢三才圖會》中還有「旋毛」一條，傳文僅有數行，首先解釋旋毛位置、形狀，即「在頭髮中旋回者，如阡陌之衢」；次解釋旋毛位置、數量不定，即「在處不定，或左或右，或雙旋」；次解釋雙旋之由，即「因生時有異者，非也」；最後說明旋毛規律，即「蓋有百會之邊而少，左右徧者多有之，雙旋者希有」〔註39〕。

〔註36〕《脈訣刊誤》，卷下，標題下有小字注文：「舊文不倫，今移從各類。」

〔註37〕《圖經脈訣辨眞》，卷四。又，明代醫學家王肯堂《證治準繩‧女科‧胎前門‧求子》（卷六十四）亦載此文，王氏生卒年代與王圻等接近，因此，王肯堂當據當時眾醫書而成（《證治準繩》之龐大體量，亦說明此書當非一人撰輯，似博采眾書而成）。

〔註38〕王思義當據宋寶漢卿《瘡瘍經驗全書‧圖論方》（明隆慶年間大酉堂刻本）等作品，節選、剪裁、編纂而成。

〔註39〕上引文皆見寺島良安：《和漢三才圖會》，東京美術株式會社1970年，第183頁。

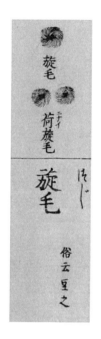

《和漢三才圖會·頭》解説  「旋毛」

　　再次，兩部《三才圖會》圖版同中有異，值得重視。兩部《三才圖會》皆載人身正背臟腑之圖，二者圖版名稱不同，王思義曰《人身正面圖》、《人身背面圖》，寺島良安則曰《正人臟之圖》、《伏人臟之圖》，以上諸圖皆述身體臟腑示意圖，相較而言，作為日本醫官、世代行醫、又是和氣伯雄學生的寺島良安，其編纂的《和漢三才圖會》，當然更顯合理，在醫學知識、診療、實踐及研究方面更勝一籌。《正人臟之圖》不僅準確標示喉、咽、膈膜、脾、水分等臟器，「脾」則作兩處標註；同樣，《伏人臟之圖》，胃管、腎〔註40〕之名稱、部位亦與王思義有異，作為醫生的寺島良安，不僅有多年行醫經驗，更曾直接參與解剖，因此其標註更加合理、科學。寺島良安所載側面人體臟腑圖更加重要，其所標人體臟腑、三焦、脊柱等皆準確可信，全面體現日人醫學水準，值得重視。

〔註40〕王思義《三才圖會》胃管名曰「胃脘」（現代醫學多指胃內部空腔），示意圖部位當即「胃管」，而非「胃腔」。同樣，「腎」有兩枚，王氏左曰腎，右曰命門，寺島良安統一標示為「腎」，亦與現代醫學相合。

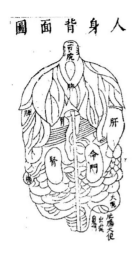

《三才圖會‧人身背面圖》　　　　　《和漢三才圖會‧正人臟之圖》

　　兩書皆載「肺圖」，但寺島良安將王思義所標「肺系九節」標註爲「管九節」，以及喉管九節，喉管頂端標識咽、喉部位，更加準確可信。「胃圖」部分，寺島良安將胃上口、下口分別標示賁門、幽門名稱〔註41〕，胃部則注曰「中脘」，亦科學合理。《和漢三才圖會》「支體部」所載「耳」、「咽」、「背」、「胸」、「腹」、「腰」等圖皆詳細標示臟器、結構、部分，亦體現寺島良安的經驗與判斷。

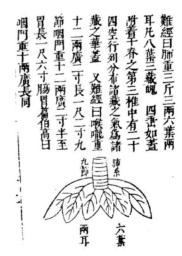

《和漢三才圖會‧肺》　　　　　　　《三才圖會‧肺》

〔註41〕　與此相同，「小腸圖」中，寺島良安亦將上口、下口，分別標註爲幽門、闌門名稱。

　　復次，《和漢三才圖會·經絡部》介紹經絡穴位時，所附「穴位細部」、「取穴示意」等微圖版，具有重大價值。與《三才圖會》所載經絡臟腑不同，寺島良安《和漢三才圖會》「經絡部」中，削減不必要的枝蔓，所有「臟腑」圖傳部分的結構，按照圖版、異名、簡介、五行、藥餌、經絡、穴位的形式編排，削減掉《三才圖會》中所載經典引文、歌訣、神物等內容。

 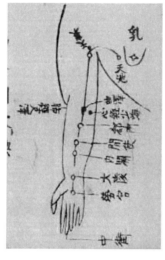 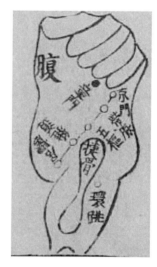

《和漢三才圖會·脾藥餌》　　「郄門、間使諸穴示意圖」　　「五樞、維道、居髎諸穴示意圖」

　　其中，寺島良安在介紹「經絡」、「穴位」時，載有諸多微型示意圖，以明確穴位部位、取穴要點、針法刺法等重要示意圖和臨床經驗。如手厥陰心包絡經之郄門、間使諸穴，畫出胳臂具體穴位示意；又如足少陽膽經浮白、天衝、臨泣諸穴，畫出頭部示意圖，並標出準確位置，而五樞、維道、居髎等穴，多位於腹部柔軟部位，寺島良安亦畫出腹部示意圖，並用圓圈等圖例，標識相對順序與確切部位。

　　最後，《三才圖會》卷七相術類圖傳列於中醫各門類之後，雖顯突兀，但屬「身體」範疇，體量適中，門類齊備。如上所述，卷目下所標「人相」注文概括了此卷內容。此卷共載圖版二一七幅。

　　相術亦名相法、相學，通過觀察人物形貌，來預測壽夭禍福、貴賤休咎〔註 42〕。此卷所載相術內容，共分成兩部分：卷內前半為面相、觀人之圖。

〔註 42〕 參楊新：《肖像畫與相術》，《故宮博物院院刊》，2005 年第 6 期。

面相分佈圖多取自傳陳摶《神相全編》〔註43〕，「面痣之圖」則參閱明余象斗所編《新刻天下四民便覽三台萬用正宗》〔註44〕。「觀人」部分，如《威猛之圖》、《清秀之圖》傳文，皆選自傳本《郭林宗秘訣·觀人八法》〔註45〕，圖版部分則與明回谷先生《人倫廣鑒集說》基本相似。

《三才圖會·十二宮分之圖》　　　　《流年運氣部位圖》

　　卷後半爲眉、眼、鼻、口、耳及手紋、足紋等具體部位的相術圖傳，此部分亦參明余象斗《新刻天下四民便覽三台萬用正宗》等作品。概而言之，眉一看濃淡，二觀清雜，三閱眉形。眼睛則觀長短、比例、形狀、眼仁、神情。鼻則根據山根（鼻脊至兩眼中間處）、鼻準（鼻下端）、年壽（鼻準與山根之中）、鼻孔之位置、佈局、比例、高矮等特徵，預測休咎禍福。耳朵部分，則關注耳朵或耳垂之大小、厚薄、堅軟等。相口則關注口之大小、形狀，唇之顏色、形狀，嘴角位置、深淺、造型等〔註46〕，不一而足。以上所述標準，又以形象化、比喻性語言描述出來，以便關照〔註47〕。

〔註43〕　清陳夢雷《古今圖書集成·博物彙編·藝術典》「相術部彙考」亦載，可參。
〔註44〕　卷三十，明萬曆二十七年余氏雙峰堂刻本。
〔註45〕　明回谷先生《人倫廣鑒集說·觀人八法》（卷一，明刻本）亦載。又，《人倫廣鑒集說》所載圖版部分，亦饒有趣味。
〔註46〕　參史少博：《探析中國古代「相面術」的人臉認知》，《社會科學論壇》，2009年第8期（下）。
〔註47〕　又，清陳夢雷《古今圖書集成·博物彙編·藝術典·相術部彙考九》（卷六百三十九，清雍正銅活字本）《神相全編》載有《心鏡歌》一首，簡述相術大概，此引述全文，供參考。其詩曰：大凡相法有兩般，須看三停端不端。五嶽四瀆要端正，一長一短不須論。額要闊兮鼻要直，口方四字豐衣食。頭圓象日照天

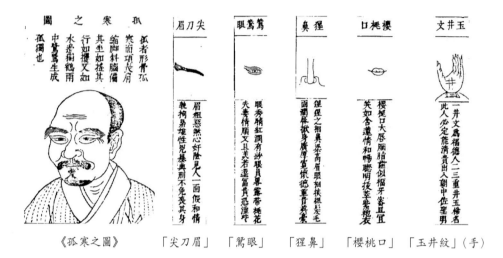

| 《孤寒之圖》 | 「尖刀眉」 | 「鵞眼」 | 「猩鼻」 | 「櫻桃口」 | 「玉井紋」（手） |

總體來看，王思義所選「相術」部分，涉及面相、觀人、相法等三個門類，雖爲節選，但作了重新編排，圖版部分亦重新描摹，體現節選者的個人判斷與眼光。

第三節　兩部《三才圖會》「本草類」（中藥）的編纂異同

　　兩部《三才圖會》均用極大篇幅，敘述東亞地區「草木果蔬」、「禽獸蟲魚」等各類本草（中藥）〔註48〕動植物信息，這些條目與內容，又與宋

庭，眉曲彎彎多學識。眉頭昂昂稟性剛，縱紋不使入天堂。下眼觀人多毒害，羊睛四白定孤孀。鼻曲之人多孤獨，項短結喉神不足。男面似女女似男，心中懷事多淫慾。眼眇微小有重睛，披緇學道有音聲。紅潤相兼秋水色，男人文學女多情。耳形雖小有輪廓，衣食自然多不錯。直須高聳平印堂，元珠朝口內上截平印堂。定掛金章膺品爵。眉清秀而終不散，入鬢雲鬟多燦爛。若教散短又無光，兄弟斷然不相盼。脣要紅兮怕紫色，細潤分明富貴客。嘴尖脣薄招非辱，紫黑多傷凶暴厄。手要長怕指劣節，紋紅紅如噀血軟。紅長細定高攀形，如鼓槌衣食難眼。睛露口脣反男憂犯盜，女憂產坐要端立要直。不端不直人不識，先笑後語人非良。不言不語人難測，聲音細語雖小必在人間隨眾走。鬢髮長如蓋，漆形，似虎狼當貴職。那堪紅紫短而乾，孤獨一生無福德。髮細長而黑且潤，不蓋天庭聰與俊。委曲拳旋若蓋垂，水色人情多少信。

〔註48〕五代韓保升曰：「藥有玉石、草木、鳥獸、蟲魚，而直云本草者，爲諸藥中草類最多也。」轉引自唐慎微《證類本草》卷一「序例上」小字注文，四部叢刊影印「金泰和晦明軒本」；又見李時珍《本草綱目》，卷一「序例上・歷代諸家本草・神農本草經」小字注文。

唐慎微《證類本草》、明李時珍《本草綱目》、明徐光啓《農政全書》、宋羅願《爾雅翼》、宋陸佃《埤雅》等本草類、農學類、訓詁學經典作品緊密相關。

　　兩部《三才圖會》參考、借鑑、化裁《證類本草》、《本草綱目》、《農政全書》等作品之處，我們留待後面的章節，以「兩部《三才圖會》的文獻使用情況」爲主題，詳細分析，此節主要從編纂體例方面，比較二者動植物收錄、記述方面的異同。

一、王思義《三才圖會》所載「草木果蔬」、「禽獸蟲魚」的主要內容

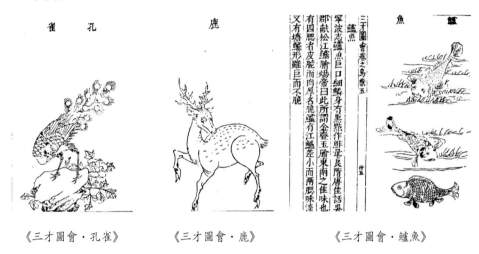

《三才圖會‧孔雀》　　　《三才圖會‧鹿》　　　《三才圖會‧鱸魚》

　　《三才圖會》十四目中，最後兩目爲「鳥獸」、「草木」，共計十八卷。其中，鳥獸六卷，分別介紹鳥、獸、鱗介等三門類的動物。卷一、卷二爲「鳥類」，王思義首先以鳳、鸞、比翼鳥、精衛、世樂等神鳥爲始，其次則是孔雀、鶴、燕、雀、鴿、鵰、鴟鴞、鸕鶿、鳴鳩等，暫未發現編排規律；卷二所載以常見杜鵑、畫眉、告天、鳶等鳥爲主，兼載飛廉、謾畫等傳說中之鳥。卷三、四爲「獸類」，卷三亦以麒麟、狻猊、獬豸、騶虞、如人等神獸，又載象、虎、兔、鹿、獺、鼠、貂、鯪鯉（即穿山甲）諸獸，家畜與野獸並載，編排亦無一定規律。卷四以常見獸類爲主，穿插檮杌、饕餮等神獸。總之，「獸類」兩卷，常見家畜、陸生野獸爲主，棲息於山林、平原、地下等環境。所載神獸雖居首，但數量有限，皆爲點綴。

　　卷五、六為「鱗介」〔註49〕類，即長有鱗與介甲的水生動物。漢蔡邕《郭有道碑序》曰：「猶百川之歸巨海，鱗介之宗龜龍也。」〔註50〕卷五亦以龍、螭、蛟等水生神獸為始，隨後是龜鱉、玳瑁、蜥蜴、蛇及各類河生、海生魚類；卷六載魚、蟾蜍、蜘蛛、蝸牛、蚰蜒、蜉蝣、蠅、蠓、蟬等各類魚類、兩棲類、昆蟲類動物。

　　「草類」共計七卷，載樹木、穀稻、蔬菜之外各類莖幹柔軟的植物，其中絕大部分草類具有藥用、食用價值，是中藥的重要組成門類。但是，《三才圖會》所載各類草本植物中，主要借鑑、修正宋唐慎微《證類本草》、蘇頌《本草圖經》〔註51〕分類之法，王氏父子應該沒參閱李時珍《本草綱目》等經典作品，更未採用「山草、芳草、濕草、毒草、蔓草、水草、石草、苔草、雜草」等各種亞門類，屬明顯不足。卷八、卷九為木本植物合集，共載喬木、灌木類植物七十八種，亦以藥用類植物為主。

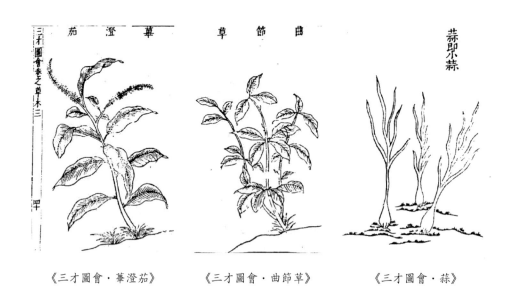

《三才圖會・蓽澄茄》　　　　《三才圖會・曲節草》　　　　《三才圖會・蒜》

〔註49〕　唐歐陽詢《藝文類聚》卷九十六、九十七，亦為「鱗介類」；徐堅《初學記》則將「鱗介」與「蟲」，皆附於卷三十「鳥」之下。

〔註50〕　轉引自唐徐堅《初學記・人部中》，卷十八「師第一」，清光緒孔氏三十三萬卷堂本。又，蕭統《文選・論五》，卷五十五，劉孝標《廣絕交論》「靡不望影星奔，藉響川騖，雞人始唱，鶴蓋成陰，高門旦開，流水接軫」句注，亦引此文。

〔註51〕　又名《圖經本草》。

「草木」類卷十為「蔬類」，皆為具有食用價值或可烹飪、蒸煮、煎炸成為食品的各類蔬菜，此卷共載六十一種。如以「食用器官分類」的話，塊根類之地瓜兒、肉質根之野胡蘿蔔等，屬「根菜類」；肉質莖之萵苣，根莖之薑，球莖之芋、茨菰等，屬「莖菜類」；菠菜、莧菜、茼蒿、甜菜、薺菜、馬蘭頭等普通葉菜，菘菜（即大白菜）等結球葉菜，蔥、韭等辛香葉菜，蒜、葫（王氏注曰「大蒜」）等鱗莖類菜；瓠瓜、南瓜、黃瓜、絲瓜、西瓜等瓠果類，茄等漿果類，藊豆、刀豆、紫豇豆等莢果類，屬「果菜類」。

卷十一前半「菓類」共載各類水果三十四種。如果加以劃分的話，共有如下種類：瓜果類有木瓜，柑橘類有橘柚、乳柑、橙等，漿果類有葡萄、荔枝、龍眼、柿子、榴，仁果類有梨、枇杷、蓮（子）；核果類有桃、杏、李、棗、奈、櫻桃、橄欖、楊梅；堅果類有榛子、松子、榧子、栗等。卷十一後半為「穀類」，載麻、稻、麥、豆等各類糧食作物十二種。卷十二為「花卉類」，共載草本、木本類（喬木類、灌木類、藤本類等）花卉五十五種。

二、寺島良安《和漢三才圖會》所載「草木果蔬」、「禽獸蟲魚」的主要內容

因寺島良安家族世代行醫，其本人更是江戶時代的著名醫生、醫官，因此《和漢三才圖會》中，關於本草（中藥）類動植物的記載，具有極其重要的價值，我們這裡先簡介其主要內容。

卷三十七至卷四十，為畜獸、鼠、寓等動物〔註52〕。介紹狗、牛、羊等「牲畜」時，將狗寶、阿膠等重要藥材列入其中。「獸類」中亦神獸、野獸、海獸等並載，所列野生獸類較為龐雜，暫無法歸納其排列規律。卷三十九載各式鼠類（包括貂、鼬、猬等）二十一種。卷四十所載「寓類」主要包括各式猿猴、猩猩，川太郎等「怪類」皆為奇獸、神獸，是否存於世上暫未得知；獸皮、獸角等「獸類之用」等內容殿後。

〔註52〕寺島良安所分畜、獸、鼠、寓、怪等五類，參考《本草綱目》分類之法。

《和漢三才圖會·獸　《食蛇鼠》〔註54〕　《川太郎》　　　《獸皮》〔註55〕
類·海鹿》〔註53〕

　　卷四十一至四十四爲各式「禽類」，寺島良安採用李時珍《本草綱目》之
法，根據棲息、生存地的差異，將各式禽類分成水禽、原禽、林禽、山禽四
大類（水生一類，陸生三類），相較《三才圖會》而言亦屬進步。「山禽」卷
末附「鳥之用」，饒有趣味。除載禽鳥性別、結構、習性外，還載「諸鳥有毒
物」、「養小鳥」等條目，前者引《本草綱目》，敘述禽鳥何種情況下有毒、禁
食，後者則詳細記載了「養鳥」之法，可供養鳥愛好者參考。

　　卷四十五至卷五十一爲龍蛇、鱗介、甲貝類動物。卷四十五「龍蛇」類
記載蛇類十七種。如「蚋蛇」、「蝮蛇」條中，除引用《本草綱目》外，寺島
良安著重介紹日本蚋蛇、蝮蛇生理特徵、習性、生殖等信息，可補《本草綱
目》之闕。而卷四十六介甲、卷四十七介貝、卷四十九江海有鱗魚、卷五十
一江海無鱗魚等卷目中，寺島良安充分考慮日本列島四面環海的特徵，充分
借鑑日本多種農業類、博物類、類書類、圖譜類作品，對海產魚、蝦、蟹、
貝、龜等做了詳細介紹，亦可補《本草綱目》、《三才圖會》之闕；同時，寺
島良安先將魚類分成有鱗、無鱗，後根據生存環境分成河產、海產等，亦具
有重要意義。

〔註53〕　卷三十八。
〔註54〕　卷三十九。
〔註55〕　《川太郎》、《獸皮》皆載卷四十。

《和漢三才圖會・介甲　　《貝鞘》〔註57〕　　《阿羅魚》〔註58〕　　《牛虱》〔註59〕
類・獨螯蟹》〔註56〕

　　卷五十二至卷五十四爲「蟲類」，寺島良安參考《本草綱目》，將地球上
數量最多、種類最繁、分佈最廣的「蟲類」，分成卵生、化生、濕生三大類，
其中，卵生類有蜂、蝶、蠶、蠅、蜘蛛等，化生類有螟、蚊、蜉蝣、蜻蜓等，
濕生類有蟾蜍、蛙、蜈蚣、百足、蚰蜒、蚯蚓、蝸牛等。

　　《和漢三才圖會》卷八十一至卷一百七，共計二十五卷，爲東亞地區各
類植物之匯總。其中，卷八十一至卷八十五爲「木類」，寺島良安借鑑並變通
《本草綱目》分類標準，將之分成喬、香、灌、寓、苞五類〔註60〕。卷八十
六至卷九十一爲「果類」，分類方式亦借鑑《本草綱目》，分成五果、山果、
夷果、味果、蓏果、水果等。卷九十二本至卷九十八，共計十卷，爲「草類」
（分山、芳、濕、毒、蔓、水、藻、苔、石、葷等門類，其中，藻類、葷類
爲寺島良安所列），卷一百至卷一百二爲「菜類」（分成葷菜、芝栭類、柔滑
菜等三類，與《本草綱目》有異），分類方式充分借鑑《本草綱目》，並根據
日本的物產風土的特殊情況，加以調整，體現了實事求是、靈活變通的學術
品格。卷一百三與一百四，分別爲「穀類」、「菽豆類」，簡介東亞地區穀、麥、

〔註56〕　卷四十六。
〔註57〕　卷四十七「介貝類」。
〔註58〕　卷四十九「江海有鱗魚」。
〔註59〕　卷五十二「卵生蟲」。
〔註60〕　其中，「苞類」即竹類，亦即《本草綱目・木部》卷首之「筍類」，無《本草
　　　　綱目》之「雜類」。

稻、豆等各類重要糧食作物的詳細情況。卷一百五為「造釀類」，介紹東亞地區製作醬油、納豆、豆腐、酒等調味食品，及粥、餅、糕、羹等食品的重要信息。

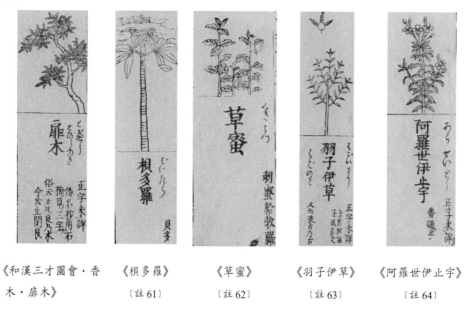

《和漢三才圖會・香木・扉木》	《根多羅》	《草蜜》	《羽子伊草》	《阿羅世伊止宇》
	〔註61〕	〔註62〕	〔註63〕	〔註64〕

三、兩部《三才圖會》動植物內容的編纂特點與異同

兩部《三才圖會》所載各類動植物品種中，編纂方面，二者具有如下異同特點：

首先，兩部《三才圖會》皆篇幅巨大、門類齊全。王思義《三才圖會》中設置鳥獸、草木兩目，共計十八卷、八〇四頁的篇幅，約佔《三才圖會》18%，可見王氏對有關內容的重視程度。寺島良安《和漢三才圖會》共有二十五卷、九三四頁敘述動植物本草類內容，佔《和漢三才圖會》總篇幅的三分之一弱。

從門類來看，兩部《三才圖會》動物類的鳥獸、鱗介及昆蟲類等，皆有詳細記載。植物類方面，草、木、蔬、果、穀、豆等門類十分齊全。

其次，動植物分類中大類相近，小類有異，而以《和漢三才圖會》為優。大的分類上看，兩部《三才圖會》皆錄載動物、植物兩大門類，且均將動物置

〔註61〕　卷八十三「喬木類」。
〔註62〕　卷九十「蓏果類」。
〔註63〕　卷九十二末「山草類」。
〔註64〕　卷一〇四「菽豆類」。

前、植物置後。「動物」部分中，亦依鳥獸居前，鱗介在後之序，「植物」部分，也按照穀、菽豆類殿後之序，可見歷代「本草類」作品對兩者的廣泛影響。

　　從小類來說，二者差異明顯。「動物」方面，《三才圖會》僅分成「鳥」、「獸」、「鱗介」等三類，其中，「鳥類」所載品種較多，僅據卷內目錄，無法判斷其分類情況。「獸類」部分，家養或與人類緊密相關的牲畜類，沒有單列一類，而是混入「野生」之獸中。「鱗介類」不僅將魚類插入其中，還將諸多「蟲」混入。我們前面已經提到，《三才圖會》的諸多分類，參考過《初學記》、《藝文類聚》、《太平御覽》等重要類書，據卷目來看，應未寓目、借鑑或參考李時珍的《本草綱目》，而主要以宋羅願的《爾雅翼》為主要參考對象。

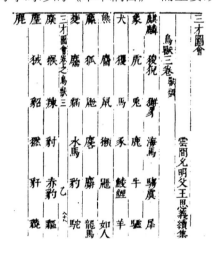

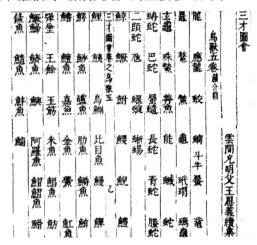

《三才圖會‧鳥獸》卷三目錄　　　　　　　　《三才圖會‧鳥獸》卷五目錄

　　相較而言，作為醫生的寺島良安，不僅深知李時珍《本草綱目》的重大價值，更熟知并掌握諸多本草藥物的出產、形狀、特徵、氣味、炮製、主治、醫方等方面信息，部分藥物還是良安多年臨床實踐中使用較多、積有經驗、療效顯著的品種，因此動植物分類方面，幾乎全部採用李時珍的分類法加以論列，這裏，我們亦作簡述。

　　寺島良安沒有採用王思義「鳥類」之名，而改用「禽類」，並據棲息環境，細分為水生、陸生，陸生中又分成平「原」、森「林」、「山」間等，使得絕大部分鳥類皆有歸屬，而不會出現王氏「鳥類」中部分禽鳥無法歸類的情況。《三才圖會》中「鱗介」門類涵蓋過廣，許多動物分類不甚妥當，因此寺島良安變通《本草綱目》的分類之法，分成龍蛇、介甲、介貝、魚類等四個門類，「魚類」又根據有無魚鱗、生存環境等方面，分成「河湖有鱗魚」、「江海有鱗魚」、

「河湖無鱗魚」、「江海無鱗魚」四個小類。不過，根據生存環境來說，「江、河、湖」可以合併為「淡水」一類，「海」則為「海水」，此分類似較寺島良安更進一步〔註65〕。

《和漢三才圖會》卷四十八　　卷四十四「山禽類‧鳥之用」　　卷九十九「葷草類」
目錄　　　　　　　　　　　　目錄

同樣，將「草」分成山、芳、濕、毒、蔓、水、藻、苔、石、葷等小類，將「木」分成喬、香、灌、寓、苞等小類，亦較《三才圖會》將近三百種草類、七十七種木類植物隨意排置〔註66〕，更顯合理。「果類」亦有這種情況，王思義《三才圖會》僅在卷十一的前半部分，簡單列舉三十四種水果，但未提供分類依據，筆者經過仔細分析、核查，確定王氏父子主要參考對象是宋唐慎微的《證類本草》〔註67〕；而寺島良安則據《本草綱目》所分的六大類，在六卷中介紹了近一百三十種水果的詳細情況。如「夷果類」，寺島良安所載二十七種外國水果中，絕大部分源自東南亞，比《三才圖會》僅載荔枝、龍眼、橄欖、椰子等四種，有了長足進步。

寺島良安根據日本具體情況，各小類動植物中亦作靈活調整。如卷八十七《山果類‧櫻》，作者先引《倭名抄》，並有「櫻子」當名「櫻花」之疑。隨後提到櫻樹在日本的廣泛分佈情況（相對而言，中國櫻樹分佈較少，

〔註65〕當下自然科學範疇內的魚類分類，是水生生物科學非常重要的研究方向，詳情可參李明德《魚類分類學》（第二版，海洋出版社2011年）一書。
〔註66〕《三才圖會》草木部分，雖然以參閱《證類本草》、《本草圖經》等本草經典作品為主，但仍做了較明顯的調整，其調整思路仍不清楚。詳參第四章第四節有關論述。
〔註67〕第四章有詳細分析，可參。

因此不載《本草綱目》、《三才圖會》諸書之中）、賞櫻詩文及近五十種櫻樹詳情。

　　再次，《和漢三才圖會》動植物條目，架構合理，舉一反三，涉獵廣博。如卷三十七「畜類・牛」條目，按照經典引文、《圖會》引文、相牛之法、作者辨析的結構排列。具體言之，先列《本草綱目》說明，次節選《三才圖會》有用部分，隨後引用《相牛經》〔註68〕，辨識牛的特徵、性情、病證、種類等，寺島良安的介紹與辨析殿後。辨析中，寺島良安不僅提供牛的分佈、駕駛、勞作及功用各方面有用信息，部分信息還添加日語音讀，值得重視。與《本草綱目》等本草作品比相比，收錄更廣，架構更加合理。相對而言，《三才圖會》僅化用宋羅願《爾雅翼》〔註69〕、宋陸佃《埤雅》〔註70〕等辭書類（訓詁類）文獻，介紹牛的生理特徵、名色、病癥、角鬥習性等信息，引文準確性、文字架構與內容均單薄得多。

　　《和漢三才圖會》「馬」條與上述情況相似，《本草綱目》引文僅占極小部分，寺島良安隨後的辨析佔主體。此辨析首先列與馬有關之詞彙及日語音讀，其次引張穆仲《安驥集》〔註71〕中「相馬」〔註72〕、馬齡、馬色之文，詳細介紹馬的有關情況。隨後引《安驥集》「馬旋毛」、《搜神記》「異馬生角」及《萬寶全書》、《馬醫書》等觀點，簡述馬的吉凶、療治信息，最後以日本養殖馬匹、制定馬匹載重條例及平太經善御馬事爲佐證，全方面展示中日馬匹習性、特徵、相馬、養馬、治療等多方面內容，與《三才圖會》僅列馬之名目、花色者，有明顯進步。

〔註68〕疑寺島良安參考喻本元等《圖像水黃牛經合併大全》（《四庫存目叢書》有收錄，但所據版本爲清乾隆元年李玉書刻本）、明唐順之《武編・前集・牛》（卷六，明刻本）所引《相牛經》之內容，存疑待考。

〔註69〕卷二十二，《釋獸五・牛》。

〔註70〕卷三，《釋獸・牛》，明成化刻嘉靖重修本。又陸佃傳世作品中，尚有《增修埤雅廣要》一書，其中卷十三《品物門・毛族類・牛》，亦有此引文，可參。

〔註71〕此文又載王鳴鶴《登壇必究・相馬說》（卷十八）。案，寺島良安《和漢三才圖會》中引王鳴鶴《登壇必究》者較多，筆者懷疑此處所謂張穆仲《安驥集》引文者，亦轉引自《登壇必究》，存疑待考。

〔註72〕據明萬曆二十一年張世則刻本《安驥集》，「馬相有三十二，相眼爲先」等文，標題爲《相良馬寶金篇》，文字則爲七言詩句，寺島良安做了改造與修正，置於《和漢三才圖會》中。

 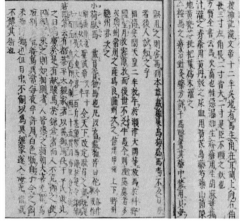 

《和漢三才圖會‧馬》關於「馬」的辨析　　　　　《和漢三才圖會‧鮓答》

　　又如寺島良安將「鮓答」與「平佐羅婆佐留」（阿蘭陀舶來品〔註 73〕）比較，詳細記述「平佐羅婆佐留」的形狀、特徵、顏色、光澤、重量及加工後特徵、藥性，認為二者同屬一類，其成因亦非傳說中的「猨疤痕成贅肉塊」〔註74〕，而與馬寶之「鮓答」成因相同，皆屬結石〔註75〕。既敘述了「蘭學」成果，又加以辨析，是中日、日荷（即荷蘭）文化交流的典型例證〔註 76〕。又如《本草綱目》與《和漢三才圖會》同載「膃肭」（即海狗）條目，估計李時珍未曾得見此類海獸，因此記載較為簡略；寺島良安所見極多，記載更加準確且細緻入微。良安花費大量筆墨介紹膃肭之分佈、特徵、結構、習性、藥性、雌雄等諸多信息，還提到：「《本草》諸注為『有足而無前足』者，未見生者，臆見之誤也。」〔註77〕

〔註73〕阿蘭陀即荷蘭。江戶時期荷蘭與日本交流較多，日本因此形成「蘭學」（らんがく，即「西洋學術」，又簡稱為「洋學」），即荷蘭傳入日本學術、文化、技術方面的學問。參宮永孝：《日本洋學史》第二章《蘭学―オランダ語》（三修社 2004 年）；前田勉：《兵學と朱子學‧蘭學‧国學》（平凡社 2006 年）。

〔註74〕寺島良安：《和漢三才圖會‧畜類》，卷三十七，東京美術株式會社 1970 年，第 431 頁。

〔註75〕參方洪微：《四種藥用動物結石的性狀鑑別》，《時珍國醫國藥》，2005 年第 2 期；孫可：《動物結石乃「特效藥石」》，《醫藥經濟報》，2011 年 9 月 12 日，第 14 版。

〔註76〕卷四十四「山禽類‧食火雞」條，良安亦提到「阿蘭陀人貢咬留吧國火雞」的情況，其還提到荷蘭人將其稱為「加豆和留」，與火雞的拉丁語學名「Meleagris gallopavo」之「gallopavo」讀音近，待考。

〔註77〕寺島良安：《和漢三才圖會》，東京美術株式會社 1970 年，第 451 頁。

卷五十一「鯨」條，先引《三才圖會》等「臆說」之文，隨後是詳細考證。日本有長久的捕鯨傳統，寺島良安詳細介紹鯨魚特徵、器官、結構，鯨魚身體中諸多器官或部分具有非常重要的藥用、食用與實用價值，如鯨腸可治久洩、鯨糞可治痘瘡，如鯨尾味極美，又如鯨皮可治油燈、鯨鬚可做尺秤、鯨筋可做弓弦等。關於捕鯨細節、戮鯨器具，寺島良安亦有詳細說明，其所分世美、座頭、長鬚、鰮鯨、眞甲、小鯨等六種亦有參考價值，其中座頭、長鬚、鰮鯨之名現在仍在使用。

《和漢三才圖會・鯨》　　　關於「鯨」的辨析　　　「鯨」分類（部分）

除此之外，《和漢三才圖會》借鑑與參考文獻極多，所載中、日、朝鮮、琉球、荷蘭等例證亦多，見識極其廣博。所引中國文獻，當以《本草綱目》為首，另外還有《食物本草》、《本草匯言》、《本草必讀》、《婦人良方》及當時中國最新醫學作品，如清郭士遂《痧脹玉衡》等。除此之外，還有《說文》、《爾雅》、《埤雅》、《字彙》等訓詁學作品，《宋書》、《閩書》、《雁蕩山志》等史書作品，《大明會典》等政書類作品，沈括《夢溪筆談》、董斯張《廣博物志》、陳繼儒《陳眉公秘笈》、王鏊《震澤長語》等筆記類作品，《萬寶全書》、王鳴鶴《登壇必究》等類書作品，徐光啓《農政全書》、俞宗本《種樹書》等農學文獻。所引朝鮮文獻有《東國通鑑》等。所引本國文獻有《日本紀》、《續日本紀》、《倭名鈔》、《著聞集》等經典作品，未註明出處者更多，此不論列〔註78〕。

〔註78〕關於文獻使用情況，後面章節有詳細解讀，可參。

　　此外，所載諸國動植物者，花樣極多，令人矚目。如出自西域諸國的大食羊（即綿羊）、地生羊、一峰駝；出自東南亞者，如食火雞、暹羅雞；出自朝鮮者，如高麗雞、和人參、朝鮮人參；出自日本者，如鶖鶹、八幡鳩、川太郎、山雀、河原鶸〔註 79〕、角鷹、烏蛤、淺蜊、海蛳、海鯽〔註 80〕、伽羅木、高野槙；出自阿蘭陀（或阿蘭陀舶來品）者，如一角（即象牙）等。

《和漢三才圖會・和人參》

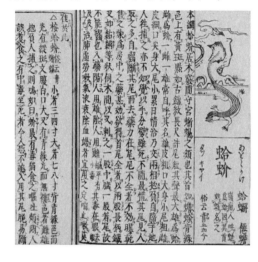

《和漢三才圖會・蛤蚧》

　　復次，《和漢三才圖會》所載寺島良安考證與醫案具有重大價值〔註 81〕。如卷三十八「狐」條，《本草綱目》載狐之習性、品種、妖媚特徵及肉、膽、血之功效，寺島良安著重考證日本「狐」的分佈、習性、妖媚及神道教祭祀情況。同時，良安專門記述「狐魅侵身」的脈象、癥狀、治療方案等，可備參考。

　　卷四十五「蛤蚧」條，除引用《本草綱目》外，良安提到蛤蚧的長短、顏色、雌雄、習性；關於藥性，李時珍指其為「房中要藥」，但良安根據自己的行醫經驗，則曰「貓食之，嘔吐煩悶」，「人誤煮食之，有中毒至死者，今人恐不藥入用」〔註 82〕。卷四十七「海燕」條，良安指出「海燕、陽遂足二種，時珍以為一物」之非，隨後詳細介紹兩者形態、習性之別。

〔註 79〕　《和漢三才圖會》卷四十三所載日本「林禽」較多，可參。
〔註 80〕　《和漢三才圖會》卷四十九所載日本「有鱗魚」較多，可參。
〔註 81〕　案，《和漢三才圖會》中，載有寺島良安行醫過程中的大量醫方、醫案，價值巨大，值得認真研究，此處僅提綱挈領，略作引述。
〔註 82〕　寺島良安：《和漢三才圖會》，東京美術株式會社 1970 年，第 513 頁。

《和漢三才圖會‧陰虱》　　　　　　「蚘」　　　　　　　「沒藥」
及辨析

　　卷五十二「卵生蟲」有「陰虱」條目，《本草綱目》僅載陰虱所生部位、形狀、特徵等信息，並提到「銀杏擦拭」法、「銀朱薰染」法，可以治愈。寺島良安則詳細介紹了陰虱生長原理、病癥特點，還提出剃毛、醋敷以及草烏頭、桃仁泥塗抹等外用治療方案，可備參閱。

　　又如卷五十四「濕生類‧蟾蜍」有寺島良安實驗的詳細記載，其文曰：「蟾蜍，實靈物也。予試取之在地，覆桶於上，壓用磐石。明且開視，唯空桶耳。」蟾蜍是否在桶內並不重要，重要之處在於寺島良安之述，非考耳聞廣記，而靠親身實驗而來，具備樸素的實學精神和科學思維，值得重視〔註83〕。同卷還有「蚘」（即蛔蟲）條目，寺島良安詳細記載了成人與小兒所出蛔蟲長度、顏色、數量等情況，還記述「脾胃虛病、癆下蛔蟲者」及「白色帶黑者」無法醫治判斷。隨後，良安還記載蛔蟲軼事一則：丹羽五郎長秀常年患積聚病，痛苦難忍，自裁身亡，火葬後，於骨殖灰燼中，發現燒而未焦、大如拳頭、形如秦龜、喙尖如鳥之蟲，豐臣秀吉賜予竹中法印，以作研究之用〔註84〕。

　　除載良安醫案外，還記錄他國藥劑情況。如卷八十二「香木類」有「沒藥」條目，寺島良安先指出：「乳香、沒藥，外科要藥也。」隨後記載阿蘭陀出產或舶來的「婆之利古车」藥膏，具有止痛消腫神效，此藥原料、佐料、加工工藝等方面亦有記載，據此可見荷蘭藥學的情況。

────────────

〔註83〕　此類例證較多，不備舉。
〔註84〕　寺島良安：《和漢三才圖會》，東京美術株式會社1970年，第602頁。

　　最後，《和漢三才圖會》所載圖版，注重細部，重視比較。如卷三十七「馬」條所載馬圖中，專門註明馬身體旋毛部位與吉凶情況，與《安驥集》所載「良馬旋」有明顯差異；而《三才圖會》所載《馬圖》，既未說明種類，更無任何標示。卷四十七有「海燕」一條，所載圖版，將「海燕」與「陽遂足」對比，兩物表裏皆列出，以便於辨別。

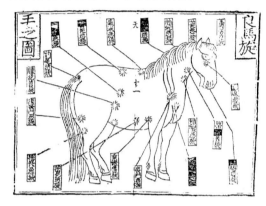  

《安驥集·良馬旋》　　　　　《三才圖會·馬》　　　《和漢三才圖
會·海燕》

　　又如卷八十三「黃藥」條，寺島良安載《三才圖會》、《本草必讀》兩圖，仔細觀之，兩圖在木桿、枝杈、葉形等方面有諸多區別。同卷「水楊」條圖版，不僅有樹木之形、楊花之狀，還在圖版上部列出小字注文，說明水楊生長位置、宜活宜殖、花形花色、葉之形狀等信息，體現了寺島良安善於觀察、總結的科學精神。

　　卷八十四「枳殼」條所載圖版，既有枳殼樹枝幹、葉果之形，又有枳實、枳殼兩種果實的正面、側面的細部對比。同卷「山茱萸」條，除樹木形狀外，載有山茱萸果實、鮮果、乾果的對比圖，形狀不同，顏色亦異，可參。「女貞」條目則更加細緻，圖版中，先載《和漢三才圖會》與《本草必讀》女貞對照示意圖（枝幹、果實略有差異），圖版上又載葉面、葉裏的細部特徵，顏色、紋理亦有差異。「檖樹」圖版中，載江戶檖、眞檖、鐵檖三種樹木，其差別亦較明顯。

　　卷八十七「山果類」除分載柑、橘、柚、橙、諸果樹圖版外，還單列葉品比較圖，將蜜柑、金柑、乳柑、柚、橙諸樹之葉並列，比較諸葉形狀、大小、脈絡之異，頗便參考、區別。